GRAN ANTOLOGÍA
DE LA POESÍA AMOROSA HISPANOAMERICANA

GRAN ANTOLOGÍA

DE LA POESÍA AMOROSA HISPANOAMERICANA

POEMAS DEL CORAZÓN
PARA DECIR

Te quiero

PROYECTO
LARSEN
CLÁSICOS

Gran Antología de la Poesía Amorosa Hispanoamericana / Pablo
Neruda...[et.al.]. ;
compilado por Luis Hernán Rodríguez Felder. - 1a ed. 1a reimp. -
Buenos Aires : Proyecto Larsen, 2012.
384 p. ; 21x14 cm.

ISBN: 978-987-1458-02-8

1. Antología Poética. I. Rodríguez Felder, Luis Hernán, comp.
CDD 861

Gran Antología de la Poesía Amorosa Hispanoamericana
Compilador: Luis Hernán Rodríguez Felder

Primera edición: abril de 2009
Última reimpresión: marzo de 2012
I.S.B.N.: 978-987-1458-02-8
Se ha hecho el depósito que establece la ley 11.723
Bartolomé Mitre 3749 – Ciudad Autónoma de Buenos Aires
República Argentina
Impreso en Argentina – Printed in Argentina

Se terminó de imprimir en Mundo Gráfico S.R.L., Zeballos 885, Avellaneda,
en marzo de 2012 con una tirada de 1.000 ejemplares.

El amor

Acontecimientos sucederán en ustedes mismos, inexorablemente, al abrir las páginas de este libro, no importa por cuál de ellas. El primero será el sucesivo arribar a la belleza, tal como propone ese arribo el lenguaje de la poesía. El segundo sucederá a poco de ir leyendo poema tras poema: se instalará en ustedes el delicioso y encantador estado que sólo genera la lectura de palabras que expresan el sentimiento del amor. El tercero consistirá en advertir, de pronto, que se han inmiscuido tanto que ya están en otra parte, más allá y más acá de la parte en que han estado hasta abrir este libro. Y finalmente les ocurrirá -y será esto asimismo inevitable- que, en donde sea que se hallen, adonde quiera que hayan sido transportados por el encantamiento, permanecen erizados de emoción, plenos de belleza y humanidad, en contacto carnal con lo que vale la pena, con lo esencial de lo que cada uno es, con todo aquello cuyo anhelo no da tregua, un ámbito en el que se quisiera siempre permanecer.

Que *el amor*, en todas sus manifestaciones, pulule por nosotros, nos invada, nos posea, nos otorgue amorosa plenitud. Tal la intención de quienes hemos originado esta *Gran Antología de la Poesía Amorosa Hispanoamericana*, en la que hemos reunido las más hermosas poesías de amor *Para decir te quiero*.

Luis Hernán Rodríguez Felder

*Director del Grupo Larsen
de Restauración de Grandes
Obras Clásicas*

PABLO NERUDA

1904 - 1973
Chile

POEMA 18

Aquí te amo.
En los oscuros pinos se desenreda el viento.
Fosforece la luna sobre las aguas errantes.
Andan días iguales persiguiéndose.

Se desciñe la niebla en danzantes figuras.
Una gaviota de plata se descuelga del ocaso.
A veces una vela. Altas, altas estrellas.

O la cruz negra de un barco.
Solo.
A veces amanezco, y hasta mi alma está húmeda.
Suena, resuena el mar lejano.
Éste es un puerto.
Aquí te amo.

Aquí te amo y en vano te oculta el horizonte.
Te estoy amando aún entre estas frías cosas.
A veces van mis besos en esos barcos graves,
que corren por el mar hacia donde no llegan.

Ya me veo olvidado como estas viejas anclas.
Son más tristes los muelles cuando atraca la tarde.
Se fatiga mi vida inútilmente hambrienta.
Amo lo que no tengo. Estás tú tan distante.

Mi hastío forcejea con los lentos crepúsculos.
Pero la noche llega y comienza a cantarme.
La luna hace girar su rodaje de sueño.

Me miran con tus ojos las estrellas más grandes.
Y como yo te amo, los pinos en el viento quieren
cantar tu nombre con sus hojas de alambre.

Todo en amor es triste,
pero, triste y todo, es lo mejor que existe.

RAMÓN DE CAMPOAMOR

AMADO NERVO

1870 - 1919
México

VII
¿QUÉ MÁS ME DA?

Fragmento

In angello cum libello

¡Con ella, todo; sin ella, nada!
Para qué viajes,
cielos, paisajes,
¡qué importan soles en la jornada!
Qué más me da
la ciudad loca, la mar rizada,
el valle plácido, la cima helada,
¡si ya conmigo mi amor no está!
Qué más me da...

El amor es un crimen que no puede realizarse sin cómplices.

CHARLES BAUDELAIRE

LOPE DE VEGA
1562 - 1635
España

LO FINGIDO VERDADERO
(COMEDIA)

Fragmento

Que no sean lirios sus venas
ni sus manos azucenas
bien puede ser;
mas que en ellas no se vean
cuantas gracias se desean,
no puede ser.

Nada se parece tanto a la dicha como el amor.

HERMANOS GONCOURT

EVARISTO CARRIEGO

1883 - 1912
Argentina

Tu Secreto

¡De todo te olvidas! Anoche dejaste
aquí, sobre el piano que ya jamás tocas,
un poco de tu alma de muchacha enferma:
un libro, vedado, de tiernas memorias.

Íntimas memorias. Yo lo abrí, al descuido,
y supe, sonriendo, tu pena más honda,
el dulce secreto que no diré a nadie:
a nadie interesa saber que me nombras.

...Ven, llévate el libro, distraída, llena
de luz y de ensueño. Romántica loca...
¡Dejar tus amores ahí, sobre el piano!...
De todo te olvidas, ¡cabeza de novia!

El más poderoso hechizo para ser amado es amar.

Baltasar Gracián

FRANCISCO DE QUEVEDO

1580 - 1645

España

HALLA EN LA CAUSA DE SU AMOR
TODOS LOS BIENES

Fragmento

Después que te conocí,
todas las cosas me sobran:
el Sol para tener día,
abril para tener rosas.

Por mi bien pueden tomar
otro oficio las auroras,
que yo conozco una luz
que sabe amanecer sombras.

Tu corazón despierta, late y llora: es el amor...

CONDESA DE NOAILLES

MARIO BENEDETTI

1920
Uruguay

LA OTRA COPA DEL BRINDIS

Al principio ella fue una serena conflagración
un rostro que no fingía ni siquiera su belleza
unas manos que de a poco inventaban un lenguaje
una piel memorable y convicta
una mirada limpia   sin traiciones
una voz que caldeaba la risa
unos labios nupciales
un brindis

es increíble pero a pesar de todo
él tuvo tiempo para decirse
qué sencillo   y también
no importa que el futuro
sea una oscura maleza

la manera tan poco suntuaria
que escogieron sus mutuas tentaciones
fue un estupor alegre
sin culpa ni disculpa
él se sintió optimista
                    nutrido
                        renovado
tan lejos del sollozo y la nostalgia
tan cómodo en su sangre y en la de ella
tan vivo sobre el vértice de musgo
tan hallado en la espera
que después del amor salió a la noche
sin luna y no importaba
sin gente y no importaba

sin dios y no importaba
a desmontar la anécdota
a componer la euforia
a recoger su parte del botín

mas su mitad de amor
se negó a ser mitad
y de pronto él sintió
que sin ella sus brazos estaban tan vacíos
que sin ella sus ojos no tenían qué mirar
que sin ella su cuerpo de ningún modo era
la otra copa del brindis

y de nuevo se dijo
qué sencillo
pero ahora
lamentó que el futuro fuera oscura maleza

sólo entonces pensó en ella
eligiéndola
y sin dolor   sin desesperaciones
sin angustia y sin miedo
dócilmente empezó
como otras noches
a necesitarla.

El amor más discreto deja por algún detalle escapar su secreto.

RACINE

MEDARDO ÁNGEL SILVA

1898 - 1919
Ecuador

LA RESPUESTA

Muda a mis ruegos, impasible y fría,
en el sofá de rojo terciopelo
un pálido jazmín hecho de hielo
tu enigmático rostro parecía.

La hostia solar, en roja eucaristía,
se ocultaba en el mar; y, al dulce cielo,
el divino Chopin su desconsuelo
en un sollozo trémulo decía.

Y cuando, por oír esa palabra
que eternos lutos o venturas labra,
te hablé de tu desdén y mi agonía,

con ademán de reina mancillada
me clavaste el puñal de tu mirada,
muda a mis ruegos, impasible y fría.

El amor es algo así como bordar juntos.

RAMÓN GÓMEZ DE LA SERNA

GUSTAVO ADOLFO BÉCQUER

1836 - 1870

España

Obra intervenida
Proyecto Larsen

RIMA
XIII

Tu pupila es azul y, cuando ríes,
su claridad tan suave me recuerda
el trémulo fulgor de la mañana
que en el mar se refleja.

Tu pupila es azul y, cuando lloras,
las transparentes lágrimas en ella
se me figuran gotas de rocío
sobre alguna violeta.

Tu pupila es azul, y si en su fondo
como un punto de luz radia una idea,·
me parece en el cielo de la tarde
una perdida estrella.

18

El amor es la poesía de los sentidos. O es sublime o no existe.
Cuando existe es para siempre y va creciendo sin cesar.

HONORATO DE BALZAC

FRAY LUIS DE LEÓN
1527 - 1591
España

ODA VIII
NOCHE SERENA

Fragmento

A Don Loarte

Cuando contemplo el cielo
de innumerables luces adornado,
y miro hacia el suelo
de noche rodeado,
en sueño y en olvido sepultado,
el amor y la pena
despiertan en mi pecho un ansia ardiente...

El amor es una verdad que supera a todas las fantasías. ¡Es lo más transparente y lo más oscuro, lo más sencillo y lo más misterioso! ¡Oh, los ciegos de amor! ¡Son los únicos que ven el cielo!...

JULIO HERRERA Y REISSIG

FEDERICO GARCÍA LORCA

1898 - 1936
España

TENGO MIEDO A PERDER

Tengo miedo a perder la maravilla
de tus ojos de estatua, y el acento
que de noche me pone en la mejilla
la solitaria rosa de tu aliento.

Tengo pena de ser en esta orilla
tronco sin ramas; y lo que más siento
es no tener la flor, pulpa o arcilla,
para el gusano de mi sufrimiento.

Si tú eres el tesoro oculto mío,
si eres mi cruz y mi dolor mojado,
si soy el perro de tu señorío,

no me dejes perder lo que he ganado
y decora las aguas de tu río
con hojas de mi otoño enajenado.

El mejor fuego no es el que arde más rápidamente.

GEORGE ELIOT

ANDRÉS BELLO
1781 - 1865
Chile

LA BURLA DEL AMOR

No dudes, hermosa Elvira,
que eres mi bien, mi tesoro,
que te idolatro y adoro;
...porque es la pura mentira.

¡Ah! lo que estoy padeciendo
no puede ser ponderado,
pues de puro enamorado,
paso las noches... durmiendo.

Y si tu mirar me avisa
que te ofende mi ternura,
tanto mi dolor me apura
que me echo a morir de... risa.

*El hombre que amamos es siempre aquél
con quien sueñan nuestras abuelas.*

MARGUERITE YOURCENAR

DELMIRA AGUSTINI

1887 - 1914
Uruguay

Visión

¿Acaso fue en marco de ilusión,
en el profundo espejo del deseo,
o fue divina y simplemente en vida
que yo te vi velar mi sueño la otra noche?
En mi alcoba agrandada de soledad y miedo,
taciturno a mi lado apareciste
como un hongo gigante, muerto y vivo,
brotado en los rincones de la noche
húmedos de silencio,
y engrasados en sombra y soledad.
Te inclinabas a mí supremamente,
como a la copa de cristal de un lago
sobre el mantel de fuego del desierto;
te inclinabas a mí, como un enfermo
de la vida a los opios infalibles
y a las vendas de piedra de la Muerte;
te inclinabas a mí como el creyente
a la oblea de cielo de la hostia...
–Gota de nieve con sabor de estrellas
que alimenta los lirios de la carne,
chispa de Dios que estrella los espíritus–
te inclinabas a mí como el gran sauce
de la melancolía
a las ondas lagunas del silencio;
te inclinabas a mí como la torre
de mármol del Orgullo,
minada por un monstruo de tristeza,
a la hermana solemne de tu sombra...
Te inclinabas a mí como si fuera
mi cuerpo la inicial de tu destino

en la página oscura de mi lecho;
te inclinabas a mí como al milagro
de una ventana abierta al más allá.
¡Y te inclinabas más que todo eso!
Y era mi mirada una culebra
apuntada entre zarzas de pestañas,
al cisne reverente de tu cuerpo.
Y era mi deseo una culebra
glisando entre los riscos de la sombra
¡a la estatua de lirios de tu cuerpo!
Tú te inclinabas más y más... y tanto,
y tanto te inclinaste,
que mis flores eróticas son dobles,
y mi estrella es más grande desde entonces,
toda tu vida se imprimió en mi vida...
Yo esperaba suspensa el aletazo
del abrazo magnífico; un abrazo
de cuatro brazos que la gloria viste
de fiebre y de milagro, será un vuelo.
Y pueden ser los hechizados brazos
cuatro raíces de una raza nueva;
y esperaba suspensa el aletazo
del abrazo magnífico...
¡Y cuando,
te abrí los ojos como un alma, y vi
que te hacías atrás y te envolvías
en yo no sé qué pliegue inmenso de la sombra!

Hay quien ha venido al mundo para
enamorarse de una sola mujer y,
consecuentemente, no es probable que tropiece con ella.

JOSÉ ORTEGA Y GASSET

TIRSO DE MOLINA
1584 - 1648
España

EL CLAVEL Y LA ROSA

Que el clavel y la rosa,
¿cuál era más hermosa?

El clavel, lindo en color,
y la rosa todo amor;
el jazmín de honesto olor,
la azucena religiosa.
¿Cuál es la más hermosa?

La violeta enamorada,
la retama encaramada,
la madreselva mezclada,
la flor de lino celosa.
¿Cuál es la más hermosa?

Que el clavel y la rosa,
¿cuál era más hermosa?

En realidad, los seres que queremos no nos engañan;
nos habíamos engañado nosotros.

CONDESA D'AGOULT

FRANCISCO VILLAESPESA

1877 - 1936
España

LA DAMA VESTIDA DE BLANCO

Jardín blanco de luna, misterioso
jardín a toda indagación cerrado,
¿qué palabra fragante ha perfumado
de jazmines la paz de tu reposo?

Es un desgranamiento prodigioso
de perlas, sobre el mármol ovalado
de la fontana clásica: un callado
suspirar... un arrullo tembloroso...

Es el amor, la vida... ¡todo eso
hecho canción! La noche se ilumina;
florecen astros sobre la laguna...
¿Es la luna que canta al darte un beso,
o el ruiseñor que estremecido trina
al recibir los besos de la luna?

Más vale la incertidumbre del que ama, que la triste calma
del que vive sin amor.

ANÓNIMO

JULIÁN DEL CASAL
1863 - 1893
Cuba

Obra intervenida
Proyecto Larsen

MIS AMORES

Amo el bronce, el cristal, las porcelanas,
las vidrieras de múltiples colores,
los tapices pintados de oro y flores
y las brillantes lunas venecianas.

Amo también las bellas castellanas,
la canción de los viejos trovadores,
los árabes corceles voladores,
las llorosas baladas alemanas,

el rico piano de marfil sonoro,
el sonido del cuerno en la espesura,
del pebetero la fragante esencia

y el lecho de marfil, sándalo y oro,
en que deja la virgen hermosura
la ensangrentada flor de la inocencia.

Amar es difícil: ser amado es fatigoso.

CLAUDE ANET

ANÓNIMO
ROMANCERO VIEJO
España

Obra intervenida
Proyecto Larsen

ROMANCE DEL ENAMORADO Y LA MUERTE

Un sueño soñaba anoche,
sueñito del alma mía,
soñaba con mis amores,
que en mis brazos los tenía.
Vi entrar señora tan blanca,
mucho más que nieve fría.
–¿Por dónde has entrado, amor?
¿Cómo has entrado, mi vida?
Las puertas están cerradas,
ventanas y celosías.
–No soy el Amor, amante:
la Muerte que Dios te envía.
–¡Ay, Muerte tan rigurosa,
déjame vivir un día!
–Un día no puede ser,
una hora tienes de vida.

Muy rápido se calzaba,
más rápido se vestía;
ya se va para la calle,
en donde su amor vivía.

–¡Ábreme la puerta blanca,
ábreme la puerta, niña!
–¿Cómo te podré yo abrir
si la ocasión no es debida?
Mi padre no fue al palacio,
mi madre no está dormida.
–Si no me abres esta noche,
ya no me abrirás, querida;

la Muerte me está buscando,
junto a ti vida sería.
—Vete bajo la ventana
donde labraba y cosía,
te echaré cordón de seda
para que subas arriba,
y si el cordón no alcanzara,
mis trenzas añadiría.

La fina seda se rompe;
la Muerte que allí venía:
—nos vamos, enamorado,
que la hora ya está cumplida.

Amor es el intercambio de dos fantasías
y el contacto de dos egoísmos.

Auguez

JOSÉ ASUNCIÓN SILVA

1865 - 1896
Colombia

NOCTURNO III
UNA NOCHE

Una noche
una noche toda llena de perfumes, de murmullos
[y de música de alas,
una noche
en que ardían en la sombra nupcial y húmeda,
[las luciérnagas fantásticas,
a mi lado, lentamente, contra mí ceñida toda,
muda y pálida
como si un presentimiento de amarguras infinitas,
hasta el fondo más secreto de tus fibras te agitara,
por la senda que atraviesa la llanura florecida
caminabas,
y la luna llena
por los cielos azulosos, infinitos y profundos
[esparcía su luz blanca,
y tu sombra
fina y lánguida
y mi sombra
por los rayos de la luna proyectada
sobre las arenas tristes
de la senda se juntaban.
Y eran una
y eran una
¡y eran una sola sombra larga!
¡y eran una sola sombra larga!
¡y eran una sola sombra larga!

Esta noche
solo, el alma

llena de las infinitas amarguras y agonías de tu
[muerte,
separado de ti misma, por la sombra,
[por el tiempo y la distancia,
por el infinito negro,
donde nuestra voz no alcanza,
solo y mudo
por la senda caminaba,
y se oían los ladridos de los perros a la luna,
a la luna pálida
y el chillido
de las ranas,
sentí frío, era el frío que tenían en la alcoba
tus mejillas y tus sienes y tus manos adoradas,
¡entre las blancuras níveas
de las mortuorias sábanas!
Era el frío del sepulcro, era el frío de la muerte,
era el frío de la nada...

Y mi sombra
por los rayos de la luna proyectada,
iba sola,
iba sola
¡iba sola por la estepa solitaria!
Y tu sombra esbelta y ágil
fina y lánguida,
como en esa noche tibia de la muerta primavera,
como en esa noche llena de perfumes,
[de murmullos y de músicas de alas,
se acercó y marchó con ella,
se acercó y marchó con ella,
se acercó y marchó con ella... ¡oh las
[sombras enlazadas!
¡Oh las sombras que se buscan y se juntan en las
[noches de negruras y de lágrimas!...

JUAN ANTONIO PÉREZ BONALDE

1846 - 1892
Venezuela

FLOR

Fragmento

Flor se llamaba: flor era ella,
flor de los valles en una palma,
flor de los cielos en una estrella,
flor de mi vida, flor de mi alma.

Era más suave que blando aroma;
era más pura que albor de luna,
y más amante que una paloma,
y más querida que la fortuna.

*¿Qué cosa es amor que así nos rinde y nos posee, sin que valgan
contra su tiranía razón ni fuerza, ley ni cordura?*

RICARDO LEÓN

JOSÉ MARTÍ
1853 - 1895
Cuba

VERSOS SENCILLOS (1891)
Nº 37

Fragmento

Aquí está el pecho, mujer,
que ya sé que lo herirás;
¡más grande debiera ser,
para que lo hirieses más!

Todo lo puede el amor y nosotros cedemos al amor.

VIRGILIO

MANUEL MARÍA FLORES
1840 - 1885
México

EN EL BAÑO

Alegre y sola en el recodo blando
que forma entre los árboles el río,
al fresco abrigo del ramaje umbrío
se está la niña de mi amor bañando.

Traviesa con las ondas jugueteando
el busto saca del remanso río,
y ríe y salpica de glacial rocío
el blanco seno, de rubor temblando.

Al verla tan hermosa, entre el follaje
el viento apenas susurrando gira,
salta trinando el pájaro salvaje,

el sol más poco a poco se retira,
todo calla... Y Amor, entre el ramaje,
a escondidas mirándola, suspira.

*Si el amor es la primera de las pasiones es porque las halaga
todas a un mismo tiempo.*

HONORATO DE BALZAC

JULIO HERRERA Y REISSIG

1875 - 1910
Uruguay

LUNA DE MIEL

Huyó, bajo sus velos soñadores,
la tarde. Y en los torvos carrizales
zumbaba con dulzuras patriarcales
el cuerno de los últimos pastores.

Entre columnas, ánforas y flores
y cúpulas de vivas catedrales,
gemí en tu casta desnudez rituales
artísticos de eróticos fervores.

Luego de aquella voluptuosa angustia
que dio a tu faz una belleza mustia,
surgiendo entre la gasa cristalina

tu seno apareció como la luna
de nuestra dicha y su reflejo en una
linfa sutil de suavidad felina.

*Solamente el último amor de una mujer puede igualar
el primer amor de un hombre.*

HONORATO DE BALZAC

MANUEL ACUÑA
1849 - 1873
México

A UNA FLOR

Cuando tu broche apenas se entreabría
para aspirar la dicha y el contento
¿te doblas ya y cansada y sin aliento,
te entregas al dolor y a la agonía?

¿No ves, acaso, que esa sombra impía
que ennegrece el azul del firmamento
nube es tan sólo que al soplar el viento,
te dejará de nuevo ver el día?...

¡Resucita y levántate!... Aún no llega
la hora en que en el fondo de tu broche
des cabida al pesar que te doblega.

Injusto para el sol es tu reproche,
que esa sombra que pasa y que te ciega,
es una sombra, pero aún no es noche.

La felicidad es el sueño del amor; el dolor es el despertar.

MADAME BASTA

RAFAEL OBLIGADO

1851 - 1920
Argentina

PENSAMIENTO

A bañarse en la gota de rocío
que halló en las flores vacilante cuna,
en las noches de estío
desciende el rayo de la blanca luna.

Así, en las horas de celeste calma
y dulce desvarío,
hay en mi alma una gota de tu alma
donde se baña el pensamiento mío.

*No te dejes abatir por las despedidas. Son indispensables
como preparación para el reencuentro.*

RICHARD BACH

JUAN BAUTISTA AGUIRRE

1725 - 1786
Ecuador

SONETO MORAL

No tienes ya del tiempo malogrado
en el prolijo afán de tus pasiones,
sino una sombra, envuelta en confusiones,
que imprime en tu memoria tu pecado.

Pasó el deleite, el tiempo arrebatado
aun su imagen borró; las desazones
de tu inquieta conciencia son pensiones
que has de pagar perpetuas al cuidado.

Mas si el tiempo dejó para tu daño
su huella errante, y sombras al olvido
del que fue gusto y hoy te sobresalta,

para el futuro estudia el desengaño
en la imagen del tiempo que has vivido,
que ella dirá lo poco que te falta.

*En casi todos los asuntos humanos, la armonía es la consecuencia
de un mal entendido; en amor, este mal entendido es el placer.*

CHARLES BAUDELAIRE

ANTONIO PLAZA
1833 - 1882
México

UNA LÁGRIMA

Fragmentos

I

Yo, mujer, te adoré con el delirio
con que adoran los ángeles a Dios;
eras, mujer, el pudoroso lirio
que en los jardines del Edén brotó.

Eras la estrella que radió en Oriente,
argentando mi cielo con su luz;
eras divina cual de Dios la frente;
eras la virgen de mis sueños, tú.

Eras la flor que en mi fatal camino
escondida entre abrojos encontré,
y el néctar de su cáliz purpurino,
delirante de amor, loco apuré.

Eras de mi alma la sublime esencia;
me fascinaste como al Inca el sol;
eras tú de mi amor santa creencia;
eras, en fin, mujer, mi salvación.

Bajo prisma brillante de colores
me hiciste el universo contemplar,
y a tu lado soñé de luz y flores
en Edén transparente de cristal.

En éxtasis de amor, loco de celos,
con tu imagen soñando me embriagué:
y linda cual reina de los cielos,
con los ojos del alma te miré.

(...)

¿No recuerdas, mujer, cuando de hinojos
yo juntaba mi frente con tu frente,
tomando un beso de tus labios rojos,
y la luna miré, como en la fuente,
reproducirse en tus divinos ojos?

(...)

Los gratos sueños que a la amante embriagan
fantasmas son que al despertar se alejan;
y si un instante al corazón halagan,
eterna herida al corazón le dejan.

Siempre hay una víctima y un verdugo en el amor.

CHARLES BAUDELAIRE

RUBÉN DARÍO

1867 - 1916
Nicaragua

RIMA

II

Amada, la noche llega;
las ramas que se columpian
hablan de las hojas secas
y de las flores difuntas.
Abre tus labios de ninfa,
dime en tu lengua de musa:
¿recuerdas la dulce historia
de las pasadas venturas?
¡Yo la recuerdo! La niña
de la cabellera bruna
está en la cita temblando
llena de amor y de angustia.
Los efluvios otoñales
van en el aura nocturna,
que hace estremecerse el nido
en que una tórtola arrulla.
Entre las ansias ardientes
y las caricias profundas,
ha sentido el galán celos
que el corazón le torturan.
Ella llora, él la maldice,
pero las bocas se juntan...
En tanto los aires vuelan
y los aromas ondulan;
se inclinan las ramas trémulas
y parece que murmuran
algo de las hojas secas
y de las flores difuntas.

ALMAFUERTE
1854 - 1917
Argentina

ÍNTIMA

Ayer te vi... No estabas bajo el techo
de tu tranquilo hogar
ni doblando la frente arrodillada
delante del altar,
ni reclinando la gentil cabeza
sobre el augusto pecho maternal.

Te vi... si ayer no te siguió mi sombra
en el aire, en el sol,
es que la maldición de los amantes
no la recibe Dios,
¡o acaso el que me roba tus caricias
tiene en el cielo más poder que yo!

Otros te digan palma del desierto,
otros te llamen flor de la montaña,
otros quemen incienso a tu hermosura,
yo te diré mi amada.

Ellos buscan un pago a sus vigilias,
ellos compran tu amor con sus palabras;
ellos son elocuentes porque esperan,
¡y yo no espero nada!

Yo sé que la mujer es vanidosa,
yo sé que la lisonja la desarma,
y sé que un hombre esclavo de rodillas
más que todos alcanza...

Otros te digan palma del desierto,
otros compren tu amor con sus palabras,
yo seré más audaz pero más noble:
¡yo te diré mi amada!

En materia de amor, demasiado es todavía poco.

BEAUMARCHAIS

ESTANISLAO DEL CAMPO
1834 - 1880
Argentina

CANTARES

Fragmentos

Para ver si soy poeta
fíjate, niña, tan sólo
en que lloro cuando canto
y en que canto cuando lloro.

En tu casa me aborrecen
sin más que porque te quiero:
es decir que si te odiara
me querrían con extremo.

(...)

Mira: si fuera pastor
y si tú pastora fueras,
me parece que andarían
mezcladas nuestras ovejas.

*El amor es un sacramento que debiera
recibirse de rodillas.*

OSCAR WILDE

JULIO HERRERA Y REISSIG
1875 - 1910
Uruguay

Obra intervenida
Proyecto Larsen

LA RECONCILIACIÓN

Alucinando los silencios míos,
al asombro de un cielo de extrañeza;
la triste devoción de tu cabeza
aletargó los últimos desvíos.

Con violetas antiguas, los tardíos
perdones de tus ojos mi aspereza
mitigaron. Y entonces la tristeza
se alegró como un llanto de rocíos.

Una profética exhalación de miedos,
entre el menudo refugio de tus dedos,
virtuosamente, el piano interpretaba.

En tanto, desde el místico occidente,
la media luna, al ver que te besaba,
entró al jardín y se durmió en tu frente.

El verdadero amor dice siempre verdad.

JACINTO BENAVENTE

JUAN RAMÓN JIMÉNEZ
1881- 1959
España

CANCIONCILLAS ESPIRITUALES
LA SOLA

Ante mí estás, sí.
Mas me olvido de ti,
pensando en ti.

Quien ama a una flor de la que no existe más que un ejemplar entre los millones y millones de estrellas, es bastante para que sea feliz cuando mira a las estrellas.

ANTOINE DE SAINT-EXUPÉRY

DOLORES VEINTIMILLA DE GALINDO
1829 - 1857
Ecuador

Obra intervenida
Proyecto Larsen

A CARMEN

Menos bella que tú, Carmela mía,
vaya esa flor a ornar tu cabellera;
yo misma la he cortado en la pradera
y cariñosa mi alma te la envía;
cuando seca y marchita caiga un día
no la arrojes, por Dios, a la ribera;
guárdala cual memoria lisonjera
de la dulce amistad que nos unía.

46

*El amor mira con unos anteojos que hacen parecer oro al cobre;
a la pobreza, riqueza, y a las lagañas, perlas.*

MIGUEL DE CERVANTES

FRANCISCO DE QUEVEDO
1580 - 1645
España

Obra intervenida
Proyecto Larsen

AMOR CONSTANTE MÁS ALLÁ DE LA MUERTE

Cerrar podrá mis ojos la postrera
sombra que me llevare el blanco día,
y podrá desatar esta alma mía
hora, a su afán ansioso lisonjera;

mas no de la otra parte en la ribera
dejará la memoria, en donde ardía:
nadar sabe mi llama el agua fría,
y perder el respeto a ley severa.

Alma, a quien todo un Dios prisión ha sido,
venas, que humor a tanto fuego han dado,
médulas, que han gloriosamente ardido,

su cuerpo dejarán, no su cuidado;
serán ceniza, mas tendrá sentido;
polvo serán, mas polvo enamorado.

47

Un amor definido es un amor acabado.

A. BERTHET

AMADO NERVO
1870 - 1919
México

V

ME BESABA MUCHO

Me besaba mucho; como si temiera
irse muy temprano... su cariño era
inquieto, nervioso.

Yo no comprendía
tan febril premura. Mi intención grosera
nunca vio muy lejos...
¡ella presentía!

Ella presentía que era corto el plazo,
que la vela herida por el latigazo
del viento, aguardaba ya... y en su ansiedad
quería dejarme su alma en cada abrazo,
poner en sus besos una eternidad.

El amor nace por la curiosidad y perdura por la costumbre.

M. BONTEMPELLI

MANUEL DE ZEQUEIRA Y ARANGO

1764 - 1846
Cuba

Obra intervenida
Proyecto Larsen

CONTRA EL AMOR

Huye, señora, deja los encantos
del amor, que no son sino dolores;
es oculta serpiente entre las flores
cuyos silbos parecen dulces cantos:

es néctar que quema y da quebrantos,
es un volcán que esconde sus ardores,
es delicia mezclada con rigores,
es jardín que se riega con los llantos:

49

es del entendimiento laberinto
de entrada fácil y salida estrecha,
donde el más racional pierde su instinto:

jamás mira su llama satisfecha,
y en fingiendo que está su ardor extinto,
es cuando más estrago hace su flecha.

Amor es el egoísmo de dos personas.

ST. DE BOUFFLERS

MANUEL MAGALLANES MOURE
1878 - 1924
Chile

POR LA ORILLA DEL MAR

A la caída del sol,
por la playa inmensa y sola,
de frente al viento marino
nuestros caballos galopan.

Es el horizonte de oro,
oro es la mar y oro arrojan
los cascos de los caballos
al chapotear en las olas.

En blancos grupos contemplan
caer el sol las gaviotas;
mas, al acercarnos, vuelan
en bandadas tumultuosas.

Pesadamente se alejan
sobre las revueltas olas
y abátense a la distancia
trazando una curva airosa.

Alcance pronto les damos
y ellas, de nuevo en derrota,
a volar, siempre adelante,
por sobre la mar sonora.

Por la arena húmeda y firme
nuestros caballos galopan.
Al fuerte viento marino
cabelleras y almas flotan.

A la caída del sol,
en la playa inmensa y sola
tu alma se entregó a mi alma,
tu boca se dio a mi boca.

No se sabe de qué hablar
cuando la emoción es honda.
Por la orilla de la mar
nuestros caballos galopan.

51

*Las mujeres aman siempre; sólo que a veces el amor está dentro
de ellas invisible, como el agua limpia en un vaso.*

ALEJANDRO CASONA

MANUEL GUTIÉRREZ NÁJERA
1859 - 1895
México

FRENTE A FRENTE

Fragmento

Oigo el crujir de tu traje,
turba tu paso el silencio,
pasas mis hombros rozando
y yo a tu lado me siento.
Eres la misma: tu talle,
como las palmas, esbelto,
negros y ardientes los ojos,
blondo y rizado el cabello;
blando acaricia mi rostro
como un suspiro tu aliento;
me hablas como antes me hablabas,
yo te respondo muy quedo,
y algunas veces tus manos
entre mis manos estrecho.
¡Nada ha cambiado: tus ojos
siempre me miran serenos,
como a un hermano me buscas,
como a una hermana te encuentro!
¡Nada ha cambiado: la luna
deslizando su reflejo
a través de las cortinas
de los balcones abiertos;
allí el piano en que tocas,
allí el velador chinesco
y allí tu sombra, mi vida,
en el cristal del espejo.
Todo lo mismo: me miro,
pero al mirarte no tiemblo,

cuando me miras no sueño.
Todo lo mismo, pero algo
dentro de mi alma se ha muerto.
¿Por qué no sufro como antes?
¿Por qué, mi bien, no te quiero?

Estoy muy triste; si vieras,
desde que ya no te quiero
siempre que escucho campanas
digo que tocan a muerto.
Tú no me amabas pero algo
daba esperanza a mi pecho,
y cuando yo me dormía
tú me besabas durmiendo.
Ya no te miro como antes,
ya por las noches no sueño,
ni te esconden vaporosas
las cortinas de mi lecho.
Antes de noche venías
destrenzando tu cabello,
blanca tu bata flotante,
tiernos tus ojos de cielo;
lámpara opaca en la mano,
negro collar en el cuello,
dulce sonrisa en los labios
y un azahar en el pecho.
Hoy no me agito si te hablo
ni te contemplo si duermo,
ya no se esconde tu imagen
en las cortinas del techo.

Toda la habilidad de un beso, más que en llegar a unos labios,
estriba en saber retirarse de ellos.

ENRIQUE LARRETA

LOPE DE VEGA
1562 - 1635
España

RIMAS SACRAS

Soneto

No sabe qué es amor quien no te ama,
celestial hermosura, esposo bello;
tu cabeza es de oro, y tu cabello
como el cogollo que la palma enrama;

tu boca como lirio, que derrama
licor al alba; de marfil tu cuello;
tu mano el torno, y en su palma el sello
que el alma por disfraz jacintos llama.

Ay, Dios, ¿en qué pensé cuando, dejando
tanta belleza y los mortales viéndolo
perdí lo que pudiera estar gozando?

Mas si del tiempo que perdí me ofendo,
tal prisa me daré, que en hora amando
venza los años que pasé fingiendo.

El corazón de cada uno es un mundo aparte; pretender definir el amor,
es decir, todos los amores, constituye una pretensión ridícula para los
que han vivido un poco.

P. BOURGET

JUAN CLEMENTE ZENEA

1832 - 1871
Cuba

SEGUNDAS NUPCIAS

El soldado fue a la guerra
a triunfar o perecer,
y dejó en lejana tierra
sus hijos y su mujer.
A los primeros reveses
murió en rudo batallar,
y al cabo de cinco meses
hubo nupcias en su hogar.
Roto el lazo de constancia,
su esposa, ardiendo en pasión,
a un amigo de la infancia
entregó su corazón.
Y hubo canto y regocijos,
y en las fiestas del hogar
sólo el mayor de los hijos
se puso triste a llorar.

Porque el amor es más fuerte que los dioses y la muerte.

TEODORO DE BANVILLE

RUBÉN DARÍO
1867 - 1916
Nicaragua

RIMA
IV

Allá en la playa quedó la niña.
¡Arriba el ancla! ¡Se va el vapor!
El marinero canta entre dientes.
Se hunde en el agua trémula el sol.
¡Adiós! ¡Adiós!

Sola, llorando sobre las olas,
mira que vuela la embarcación.
Aún me hace señas con el pañuelo
desde la piedra donde quedó.
¡Adiós! ¡Adiós!

Vistió de negro la niña hermosa.
¡Las despedidas tan tristes son!
Llevaba suelta la cabellera
y en las pupilas llanto y amor.
¡Adiós! ¡Adiós!

Amor es la actividad de los ociosos y el ocio de los activos.

BULWER LYTTON

SALVADOR DÍAZ MIRÓN
1853 - 1928
México

AL SEPARARNOS

Nuestras dos almas se han confundido
en la existencia de un ser común,
como dos notas en un sonido,
como dos llamas en una luz.

Fueron esencias que alzó un exceso,
que alzó un exceso de juventud,
y se mezclaron, al darse un beso,
en una estrella del cielo azul.

Y hoy que nos hiere la suerte impía,
nos preguntamos con inquietud:
¿cuál es la tuya?, ¿cuál es la mía?
Y yo no acierto ni aciertas tú.

En su primera pasión la mujer quiere al amante;
en todas las demás no quiere más que al amor.

LORD BYRON

RAMÓN LÓPEZ VELARDE

1881 - 1921
México

A UN IMPOSIBLE

Me arrancaré, mujer, el imposible
amor de melancólica plegaria,
y aunque se quede el alma solitaria
huirá la fe de mi pasión risible.

Iré muy lejos de tu vista grata
y morirás sin mi cariño tierno,
como en las noches del helado invierno
se extingue la llorosa serenata.

Entonces, al caer desfallecido
con el fardo de todos mis pesares,
guardaré los marchitos azahares
entre los pliegues del nupcial vestido.

*Si la luz es el primer amor de la vida,
¿no es el amor la primera luz del corazón?*

HONORATO DE BALZAC

JUAN RAMÓN JIMÉNEZ
1881 - 1959
España

ROSA, NIÑA

Todo el otoño, rosa,
es esa sola hoja tuya
que cae.

Niña, todo el dolor
es esa sola gota tuya
de sangre.

*La noche, el amor y el vino nunca
dan consejos de moderación: aquélla desconoce el pudor,
el vino y el amor desafían al miedo.*

OVIDIO

SOR JUANA INÉS DE LA CRUZ
1646 ó 1651 - 1695
España

QUE CONSUELA A UN CELOSO, EPILOGANDO LA SERIE DE LOS AMORES

Fragmento

Amor empieza por desasosiego,
solicitud, ardores y desvelos;
crece con riesgos, lances y recelos;
susténtase de llantos y de ruego.

Doctrínanle tibiezas y despego,
conserva el ser entre engañosos velos,
hasta que con agravios o con celos
apaga con sus lágrimas su fuego.

*Al amor lo pintan ciego y con alas. Ciego, para no ver
los obstáculos; con alas, para salvarlos.*

JACINTO BENAVENTE

JOSÉ MARÍA DE HEREDIA
1803 - 1839
Cuba

LA DESCONFIANZA

Mira, mi bien, cuán mustia y desecada
del sol al resplandor está la rosa
que en tu seno tan fresca y olorosa
pusiera ayer mi mano enamorada.

Dentro de pocas horas será nada...
No se hallará en la tierra alguna cosa
que a mudanza feliz o dolorosa
no se encuentre sujeta y obligada.

Sigue a las tempestades la bonanza:
siguen al gozo el tedio y la tristeza...
Perdóname si tengo desconfianza

de que dure tu amor y tu terneza:
cuando hay en todo el mundo tal mudanza,
¿sólo en tu corazón habrá firmeza?

El amor no es más que una curiosidad.

CASANOVA

FEDERICO GARCÍA LORCA

1898 - 1936
España

SI MIS MANOS PUDIERAN DESHOJAR

Yo pronuncio tu nombre
en las noches oscuras,
cuando vienen los astros
a beber en la luna
y duermen los ramajes
de las frondas ocultas.
Y yo me siento hueco
de pasión y de música.
Loco reloj que canta
muertas horas antiguas.

Yo pronuncio tu nombre,
en esta noche oscura,
y tu nombre me suena
más lejano que nunca.
Más lejano que todas las estrellas
y más doliente que la mansa lluvia.

¿Te querré como entonces
alguna vez? ¿Qué culpa
tiene mi corazón?
Si la niebla se esfuma,
¿qué otra pasión me espera?
¿Será tranquila y pura?
¡¡Si mis dedos pudieran
deshojar a la luna!!

ANÓNIMO
España

Obra intervenida
Proyecto Larsen

ROMANCERO VIEJO

Misa del Amor

Mañanita de San Juan,
mañanita de primor,
cuando damas y galanes
van a oír misa mayor.
Va allá la que es mi señora,
entre todas la mejor;
viste falda sobre falda,
mantilla de tornasol,
camisa con oro y perlas
bordada en cada faldón.
En su boca, que es muy linda,
lleva un poco de dulzor;
en su cara, que es tan blanca,
un poquito de arrebol,
y en sus ojazos celestes
dos líneas como carbón;
así entraba por la iglesia
relumbrando como el sol.
Las damas mueren de envidia,
y los galanes de amor.
El que cantaba en el coro,
en el credo se perdió;
el abad que canta misa,
ha cambiado la canción;
monaguillos que le ayudan,
no aciertan responder no,
por decir amén, amén,
decían amor, amor.

63

SALOMÉ UREÑA DE HENRÍQUEZ
1850 - 1897
República Dominicana

QUEJAS

Te vas, y el alma dejas
sumida en amargura, solitaria,
y mis ardientes quejas,
y la tímida voz de mi plegaria,
indiferente y frío
desoyes ¡ay! para tormento mío.

¿No basta que cautiva
de fiero padecer entre las redes
agonizante viva?
¡Ay, que mi angustia comprender no pueda,
que por mi mal ignoras
cuán lentas son de mi existir las horas!

Sí, que jamás supiste
cual se revuelve en su prisión estrecha,
desconsolado y triste,
el pobre corazón, que en lid deshecha
con su tormento rudo
morir se siente y permanece mudo.

Y en vano, que indiscretos
mis ojos, sin cesar, bajo el encanto
de tu mirar sujetos,
fijo en los tuyos con empeño tanto,
que el corazón desmaya
cuando esa fuerza dominar ensaya.

Deja que pueda al menos
bañándome en su luz beber la vida,
y disfrutar serenos
breves instantes en tu unión querida,
que es para mi amargura
bálsamo de purísima dulzura.

Deja que al vivo acento
que de tus labios encendidos brota,
mi corazón sediento,
que en pos va siempre de ilusión ignota,
presienta enajenado
las glorias todas de tu edén soñado.

¡Ah, si escuchar pudieras
cuanto a tu nombre mi ternura dijo!
¡Si en horas lisonjeras
me fuera dado, con afán prolijo,
contarte sin recelo
todo el delirio de mi amante anhelo!

Mas no, que mi suspiro
comprimo dentro el pecho acongojado.

Son una misma cosa el amor y la guerra.

MIGUEL DE CERVANTES

JUAN RAMÓN JIMÉNEZ
1881 - 1959
España

CANCIONCILLAS ESPIRITUALES
LA AUSENCIA

Cuando el amor se va,
parece que se inmensa.

¡Cómo le aumenta el alma
a la carne la pena!

Cuando se pone el sol
lo ahondan las estrellas.

66

El amor no puede ser profundo si no es puro.

AUGUSTO COMTE

ALFONSINA STORNI
1892 - 1938
Argentina

TÚ ME QUIERES BLANCA

Fragmento

Tú me quieres alba,
me quieres de espumas,
me quieres de nácar.
Que sea azucena,
sobre todas, casta.
De perfume tenue,
corola cerrada.
Ni un rayo de luna
filtrado me haya.
Ni una margarita
se diga mi hermana.
Tú me quieres nívea,
tú me quieres blanca,
tú me quieres alba.

(...)

*La dificultad en el amor hace que ardan con más viveza
las ansias de los enamorados.*

GERMÁN ARCINIEGAS

SANTA TERESA DE JESÚS
1515 - 1582
España

Obra intervenida
Proyecto Larsen

COLOQUIO AMOROSO

Si el amor que a mí me tiene;
Dios, es como el que le tengo,
dígame: ¿en qué me detengo?
o usted, ¿en qué se detiene?

–Alma, ¿qué quieres de mí?
–Dios mío, no más que verte.
–¿Y qué temes más de ti?
–Lo que más temo es perderte.

Un alma en Dios escondida
¿qué tiene ella que desear
sino amar y más amar
y en amor toda escondida
tornarse de nuevo a amar?

Amor que ocupe, le pido,
Dios mío, mi alma te tenga,
para hacer un dulce nido
a donde más le convenga.

Si no te quieren como tú quieres que te quieran,
¿qué importa que te quieran?.

AMADO NERVO

MARIANO MELGAR
1791 - 1815
Perú

YARAVÍ

¡Ay, amor!, dulce veneno,
¡ay, tema de mi delirio,
solicitado martirio
y de todos males lleno!

¡Ay, amor!, lleno de insultos,
centro de angustias mortales,
donde los bienes son males
y los placeres tumultos.

¡Ay, amor!, ladrón casero
de la quietud más estable!
¡Ay, amor, falso y mudable!,
¡Ay, que por tu causa muero!

¡Ay, amor!, glorioso infierno
y de infernales injurias,
león de celosas furias,
disfrazado de cordero.

¡Ay, amor!, pero ¿qué digo,
que conociendo quién eres,
abandonando placeres,
soy yo quien a ti te sigo?

JUAN DE DIOS PEZA

1852 - 1910
México

LA COSECHA

Fragmento

Jugosa fruta del valle
con trenzas de madreselva,
pían sus senos caricias,
sangra su boca doncella.

Gloria de curvas su cuerpo,
su cara dulce y trigueña...

(...)

El mayordomo embozado
en poncho de polvareda,
sobre la grupa del potro
rapta a la grácil mozuela,
y el cielo comba su cúpula
en una fragua de estrellas.

El amor crea en la mujer, una mujer nueva, la de la víspera.
Ya no existe al día siguiente.

HONORATO DE BALZAC

ROSALÍA DE CASTRO
1837 - 1885
España

A ORILLAS DEL RÍO SAR

Fragmento

Adivínase el dulce y perfumado
calor primaveral;
los gérmenes se agitan en la tierra
con inquietud en su amoroso afán,
y cruzan por los aires, silenciosos,
átomos que se besan al pasar.

Hierve la sangre juvenil, se exalta
lleno de aliento el corazón, y audaz
el loco pensamiento sueña y cree
que el hombre es, cual los dioses, inmortal.
No importa que los sueños sean mentira,
ya que al cabo es verdad
que es venturoso el que soñando muere,
infeliz el que vive sin soñar.

Es imposible ocultar el amor en los ojos del que ama.

MANUEL JUSTO DE RUBALCAVA
1769 - 1805
Cuba

A ROSELIA

Cuando risueño se levanta el día
se agrava con las horas mi tormento
y crece de continuo el sentimiento
cuando cae la noche oscura y fría:

lejos de la quietud y la alegría
descanso busco, pero no lo siento.
porque si es que reposo algún momento
es cuando me desmaya la agonía.

Vuelve otra vez el día congojoso
y me encuentra del modo que me deja.
Despierto sin alivio ni consuelo.

Tú, Roselia, procura mi reposo,
no renueves la causa de mi queja,
haz por que mude de semblante el cielo.

*El amor es como las enfermedades contagiosas; cuanto más se temen,
más nos hallamos expuestos a contraerlas.*

CHAMFORT

ESTANISLAO DEL CAMPO

1834 - 1880
Argentina

Obra intervenida
Proyecto Larsen

FAUSTO

Fragmento

Cuando un verdadero amor
se estrella en un alma ingrata,
más vale el hierro que mata
que el fuego devorador.

Siempre ese amor lo persigue
a donde quiera que va;
es una fatalidad
que a todas partes lo sigue.

Si en su rancho usted se queda
o si sale para un viaje,
pues no hay caso: no hay paraje
donde olvidarla usted pueda.

Cuando duerme todo el mundo,
usted, sobre su recado,
se da vueltas, desvelado,
pensando en su amor profundo.

Y si el viento hace sonar
su pobre techo de paja,
cree que es ella que baja
sus lágrimas a secar.

73

Y si en alguna lomada
tiene que dormir al raso,
pensando en ella, amigazo,
lo hallará la madrugada.

Allí, acostado entre abrojos,
o entre cardos, don Laguna,
verá su cara en la luna
y en las estrellas sus ojos.

¿Qué habrá que no le recuerde
al bien de su alma querido
si hasta cree ver su vestido
en la nube que se pierde?

Así es que sufre en la ausencia
quien, sin ser querido, quiere;
verá ahora cómo muere
de su amada en la presencia.

Si enfrente de esa deidad
en alguna parte se halla,
es otra nueva batalla
que el pobre corazón da.

Si con la luz de sus ojos
le alumbra la triste frente,
usted, don Laguna, siente
el corazón entre abrojos.

Su sangre comienza a alzarse
a la cabeza en tropel,
y cree que quiere esa cruel
en su amargura gozarse.

Y si la ingrata le niega
esa ligera mirada,
queda su alma abandonada
entre el dolor, que la anega.

Y usted, firme en su pasión...
y van los tiempos pasando,
un hondo surco dejando
en su infeliz corazón.

El amor consuela como el resplandor del sol
después de la lluvia.

WILLIAM SHAKESPEARE

FRANCISCO A. DE ICAZA

1863 - 1925

México

EN LA NOCHE

Los árboles negros,
la vereda blanca,
un pedazo de luna rojiza
con rastros de sangre manchando las aguas.

Los dos, cabizbajos,
prosiguen la marcha
con el mismo paso, en la misma línea,
y siempre en silencio y siempre a distancia.

Pero en la revuelta
de la encrucijada,
frente a la taberna, algunos borrachos
dan voces y cantan.

Ella se acerca,
sin hablar palabra
se aferra a su brazo,
y en medio del grupo, que los mira, pasan.

Después, como antes,
caen el brazo flojo y la mano lacia,
y aquellas dos sombras, un instante juntas,
de nuevo se apartan.

Y así en la noche
prosiguen su marcha
con el mismo ritmo, en la misma línea,
y siempre en silencio y siempre a distancia.

RUBÉN DARÍO

1867 - 1916
Nicaragua

INVERNAL

Fragmento

Ardor adolescente,
miradas y caricias;
¡cómo estaría trémula en mis brazos
la dulce amada mía,
dándome con sus ojos luz sagrada,
con su aroma de flor, savia divina!
En la alcoba, la lámpara
derramando sus luces opalinas;
oyéndose tan sólo
suspiros, ecos, risas;
el ruido de los besos,
la música triunfante de mis rimas,
y en la negra y cercana chimenea
el fuego brillador que estalla en chispas.
Dentro, el amor que abrasa;
fuera, la noche fría.

Un corazón es una riqueza que no se vende ni se compra,
pero que se regala.

GUSTAVE FLAUBERT

IGNACIO RAMÍREZ
1818 - 1879
México

AL AMOR

¿Por qué, Amor, cuando expiro desarmado,
de mí te burlas? Llévate esa hermosa
doncella tan ardiente y tan graciosa
que por mi oscuro asilo has asomado.

En tiempo más feliz, yo supe osado
extender mi palabra artificiosa
como una red, y en ella, temblorosa,
más de una de tus aves he cazado.

Hoy de mí mis rivales hacen juego,
cobardes atacándome en gavilla,
y libre yo mi presa al aire entrego;

al inerme león el asno humilla...
Vuélveme, Amor, mi juventud, y luego
tú mismo a mis rivales acaudilla.

Amor, alma del mundo.

MADAME DESHOULIÉRES

JULIO FLÓREZ
1867 - 1923
Colombia

EN EL SALÓN

En tu melena, que la noche habita,
temblaba una opulenta margarita
como un astro fragante entre la sombra;
de pronto, con tristeza,
doblaste la cabeza
y rodó la alta flor sobre la alfombra.
Sin verla, diste un paso
y la flor destrozaste blandamente
con tu escarpín de refulgente raso.
Yo, que aquello miraba, de repente
con angustia infinita,
al ver que la tortura deliciosa
se alargaba de aquella flor hermosa,
con voz que estrangulaba mi garganta
dije a la flor ya exánime y marchita:
—¡Quién fuera tú... dichosa margarita,
para morir así... bajo su planta!

En la perspectiva del corazón...
¡qué vagamente inmensa nos parece la distancia!

RABINDRANATH TAGORE

GERTRUDIS GÓMEZ DE AVELLANEDA

1814 - 1873
Cuba

Obra intervenida
Proyecto Larsen

FELIZ QUIEN JUNTO A TI...

¡Feliz quien junto a ti por ti suspira,
quien oye el eco de tu voz sonora,
quien el halago de tu risa adora,
y el blando aroma de tu aliento aspira!

Ventura tanta, que envidioso admira
el querubín que en el paraíso mora,
el alma turba, al corazón devora,
y el torpe acento, al expresarla, espira.

Ante mis ojos desaparece el mundo,
y por mis venas circular ligero
el fuego siento del amor profundo.

Trémula, en vano resistirte quiero...
de ardiente llanto mi mejilla inundo...
¡Delirio, gozo, te bendigo y muero!

80

*Con el amor no se juega. Muchos comienzan fingiendo amor y más
tarde quedan prendidos de verdad.*

C. DOSSI

CONRADO NALÉ ROXLO

1898 - 1971

Argentina

SE NOS HA MUERTO UN SUEÑO

Fragmento

Carpintero, haz un féretro pequeño
de madera olorosa;
se nos ha muerto un sueño,
algo que era entre el pájaro y la rosa.
Fue su vida exterior tan imprecisa
que sólo se lo vio cuando asomaba
al trémulo perfil de una sonrisa
o al tono de la voz que lo nombraba.
Mas, ¿qué te importa el nombre, carpintero?
Era un sueño de amor; tu mano clave
pronto las tablas olorosas; quiero
enterrar hondo el sueño flor y ave.
¡Al compás del martillo suena un canto!

(...)

El amor es quien inspira las grandes empresas
y quien estorba su cumplimiento.

ALEJANDRO DUMAS (H)

AMADO NERVO
1870 - 1919
México

X
VIVIR SIN TUS CARICIAS

Vivir sin tus caricias es mucho desamparo;
vivir sin tus palabras es mucha soledad;
vivir sin tu amoroso mirar, ingenuo y claro,
es mucha oscuridad...

*El primer amor que las doncellas tienen se les imprime en el alma,
como el sello en la cara.*

MIGUEL DE CERVANTES

FEDERICO BERMÚDEZ Y ORTEGA

1884 - 1921

República Dominicana

RIMAS PARA TUS OJOS

Fragmento

(A Elvira)

He visto fuegos fatuos en las noches
cruzar el tedio de la sombra opaca,
fingiendo en el misterio de las sombras
como brillantes lágrimas de plata.

Lo que no he visto ni en el cielo mismo,
en el encanto de sus noches claras,
es el prodigio de la luz que emerge
de tu pupila misteriosa y rara.

Es preciso amar para ser amado.

SÉNECA

SALVADOR DÍAZ MIRÓN

1853 - 1928
México

COPO DE NIEVE

Para endulzar un poco tus desvíos
fijas en mí tu angelical mirada
y hundes tus dedos pálidos y fríos
en mi oscura melena alborotada.

¡Pero en vano, mujer! No me consuelas.
Estamos separados por un mundo.
¿Por qué, si eres la nieve, no me hielas?
¿Por qué, si soy el fuego, no te fundo?

Tu mano espiritual y transparente,
cuando acaricia mi cabeza esclava,
es el copo glacial sobre el ardiente
volcán cubierto de ceniza y lava.

*El arte sólo hace versos; únicamente
el corazón es poeta.*

ANDREA CHÉNIER

BALTASAR DEL ALCÁZAR
1530 - 1606
España

TRES COSAS

Tres cosas me tienen preso
de amores el corazón:
la bella Inés, el jamón,
las berenjenas con queso.

Esta Inés, amantes, es
quien tuvo en mí tal poder,
que me hizo aborrecer
todo lo que no era Inés.
Me trajo un año sin seso,
hasta que en una ocasión
me dio a merendar jamón
y berenjenas con queso.

Fue de Inés la primer palma;
pero ha de juzgarse mal
saber entre ellos cuál
tiene más parte en mi alma.
En gusto, medida y peso
no le hallo distinción:
ya quiero Inés, ya jamón,
ya berenjenas con queso.

Alega Inés su bondad,
el jamón que es de Aracena,
el queso y la berenjena
la española antigüedad.
Y está tan correcto el peso
que, juzgado sin pasión,

todo es uno, Inés, jamón,
y berenjenas con queso.

Por lo menos este trato
con estos nuevos amores
hará que Inés sus favores
nos los venda más barato.
Pues tendrá por contrapeso
si no acatara razón,
una lonja de jamón
y berenjenas con queso.

La sensualidad suele crecer más rápidamente que el amor,
de ahí que sus raíces sean endebles y fáciles de extirpar.

FEDERICO NIETZSCHE

NICASIO ÁLVAREZ DE CIENFUEGOS
1764 - 1809
España

Obra intervenida
Proyecto Larsen

MI PASEO SOLITARIO DE PRIMAVERA

Fragmento

Tendido allí sobre la verde alfombra
de grama y trébol, a la sombra dulce
de una nube feliz que marcha lenta,
con menudo llover regando el suelo,
late mi corazón, cae y se clava
en el pecho mi lánguida cabeza,
y por mis ojos violento rompe
el fuego abrasador que me devora.
Todo desapareció; ya nada veo
ni siento sino a mí, ni ya la mente
puede frenar la rápida carrera
de la imaginación que, en un momento,
de amores en amores va arrastrando
mi ardiente corazón, hasta que prueba
en cuántas formas el amor recibe
toda su variedad y sentimientos.

(...)

Ella suspira y, con silencio amante,
jura en su corazón mi amor eterno;
y llora y lloro, y en su faz hermosa
el labio imprimo, y donde toca ardiente
su encendido color blanquea en torno...
Tente, tente, ilusión... Cayó la venda
que me hacía feliz; un angelito
de repente voló, y al son del ala

voló también mi error idolatrado.
Torno ¡mísero! en mí, y me hallo solo,
llena el alma de amor y desamado
entre las flores que el abril despliega,
y allá sobre un amor lejos oyendo
del primer ruiseñor el nuevo canto.
¡Oh mil veces feliz, pájaro amante,
que naces, amas, y en amando mueres!

¡El amor es la hiedra que se une al árbol y bebe su verde vida
en el corazón que devora!

ANÓNIMO
Las mil y una noches

FEDERICO GARCÍA LORCA

1898 - 1936
España

ANDALUZAS ES VERDAD
CANCIONES (1921-1924)

¡Ay, qué trabajo me cuesta
quererte como te quiero!

Por tu amor me duele el aire,
el corazón
y el sombrero.

¿Quién me compraría a mí
este cintillo que tengo
y esta tristeza de hilo
blanco, para hacer pañuelos?

¡Ay, qué trabajo me cuesta
quererte como te quiero!

El misterioso encanto del primer amor consiste en que ignora
que puede acabar cualquier día.

BENJAMÍN DISRAELI

RICARDO JAIMES FREYRE
1868 - 1933
Bolivia

SIEMPRE

¡Tú no sabes cuánto sufro! ¡Tú que has
                              [puesto mis tinieblas
en mi noche, y amargura más profunda
                              [en mi dolor!
Tú has dejado, como el hierro que se deja
                              [en una herida,
en mi oído la caricia dolorosa de tu voz.

Palpitante como un beso; voluptuosa
                              [como un beso;
voz que halaga y que se queja; voz de ensueño
                              [y de dolor.
Como sigue el ritmo oculto de los astros el océano,
mi ser todo sigue el ritmo misterioso de tu voz.

¡Oh, me llamas y me hieres! Voy a ti como
                              [un sonámbulo
con los brazos extendidos en la sombra y el dolor...
¡Tú no sabes cuánto sufro! Cómo aumenta
                              [mi martirio,
temblorosa y desolada, la caricia de tu voz.

¡Oh, el olvido! El fondo oscuro de la noche
                              [del olvido
donde guardan los cipreses el sepulcro del dolor.
Yo he buscado el fondo oscuro de la noche
                              [del olvido,
y la noche se poblaba con los ecos de tu voz...

RAMÓN DE CAMPOAMOR
1817 - 1901
España

QUIÉN SUPIERA ESCRIBIR

Escribidme una carta, señor cura.
—Ya sé para quién es.

—¿Sabéis quién es, porque una noche oscura
nos visteis juntos? —Pues.

—Perdonad; mas... —No extraño ese tropiezo.
La noche... la ocasión...
Dadme pluma y papel. Gracias. Empiezo:
Mi querido Ramón...

—¿Querido?... Pero, en fin, ya lo habéis puesto...
—Si no queréis... —¡Sí, sí!

—*¡Qué triste estoy!* ¿No es eso? —Por supuesto.
—*¡Qué triste estoy sin ti!*

Una congoja, al empezar, me viene...
—¿Cómo sabéis mi mal?...

—Para un viejo, una niña siempre tiene
el pecho de cristal.

*¿Qué es sin ti el mundo? Un valle de amargura.
¿Y contigo? —Un edén.*

—Haced la letra clara, señor cura;
que lo entienda eso bien.

−El beso aquel que de marchar a punto
te di... −¿Cómo sabéis?...

−Cuando se va y se viene y se está junto,
siempre... no os enojéis.

Y si volver tu afecto no procura,
tanto me harás sufrir...

−¿Sufrir y nada más? No, señor cura,
¡que me voy a morir!

−¿Morir? ¿Sabéis que es ofender al cielo...
−Pues, sí señor ¡morir!

−Yo no pongo *morir.* −¡Qué hombre de hielo!
¡Quién supiera escribir!

El amor se hace con el corazón y se deshace con los sentidos.

D' YZARN-FREISSINET

JORGE MANRIQUE

1440 - 1479
España

Obra intervenida
Proyecto Larsen

YO SOY QUIEN LIBRE...

Yo soy quien libre me vi,
yo, quien pudiera olvidarte;
yo soy el que, por amarte,
estoy, desde al verte a ti,
sin Dios, y sin ti, y sin mí.

Sin Dios, porque a ti yo adoro,
sin ti, pues ya no me quieras;
pues sin mí, se dice en coro,
que eres tú la que me tienes.
Así que triste nací,
para poder olvidarte.

Yo soy el que, por amarte,
estoy, desde que te vi,
sin Dios, y sin ti, y sin mí.

*El amor es hermoso, porque en él se transfigura
la paz de la humanidad.*

F. EHRENBERG

FRANCISCO VILLAESPESA
1877 - 1936
España

OCASO

Asómate al balcón; cesa en tus bromas,
y la tristeza de la tarde siente.
El sol, al expirar en Occidente,
de rojo tiñe las vecinas lomas.

El jardín nos regala sus aromas,
mece el aire las hojas suavemente,
y en las blancas espumas del torrente
remojan su plumaje las palomas.

Al ver con qué tristeza en la llanura
amortigua la luz su refulgencia,
mi corazón se llena de amargura...

¡Quizás el amor que en vuestros pechos arde,
apagarse veremos en la ausencia,
como ese sol en brazos de la tarde!...

Donde no existe el amor no existe verdad alguna, y solamente vale algo aquel que ama. No ser nada ni amar nada es una misma cosa.

L. FEUERBACK

MEDARDO ÁNGEL SILVA
1898 - 1919
Ecuador

EL ALMA EN LOS LABIOS

Cuando de nuestro amor la llama apasionada
dentro tu pecho amante contemples extinguida,
ya que sólo por ti la vida me es amada,
el día en que me faltes me arrancaré la vida.

Porque mi pensamiento, lleno de este cariño
que en una hora feliz me hiciera esclavo tuyo,
lejos de tus pupilas es triste como un niño
que se duerme soñando con su acento de arrullo.

Para envolverte en besos quisiera ser el viento
y quisiera ser todo lo que tu mano toca;
ser tu sonrisa, ser hasta tu mismo aliento,
para poder estar más cerca de tu boca.

Vivo de tu palabra y eternamente espero
llamarte mía, como quien espera un tesoro.
Lejos de ti comprendo lo mucho que te quiero
y, besando tus cartas, ingenuamente lloro.

Perdona que no tenga palabras con que pueda
decirte la inefable pasión que me devora:
¡para expresar mi amor solamente me queda
rasgarme el pecho, Amada, y en tu mano de seda
dejar mi palpitante corazón que te adora!

GUILLERMO BLEST GANA
1829 - 1904
Chile

SI A VECES SILENCIOSO

Si a veces silencioso y pensativo
a tu lado me ves, querida mía,
es porque hallo en tus ojos la armonía
de un lenguaje tan dulce y expresivo.

Y eres tan mía entonces, que me privo
hasta oír tu voz, porque creería
que rompiendo el silencio, desunía
mi ser del tuyo, cuando en tu alma vivo.

¡Y estás tan bella; mi placer es tanto,
es tan completo cuando así te miro;
siento en mi corazón tan dulce encanto,

que me parece, a veces, que en ti admiro
una visión celeste, un sueño santo
que va a desvanecerse si respiro!

El amor es como la suerte: no le gusta que corran tras él.

T. GAUTIER

JOSÉ DE ESPRONCEDA

1808 - 1842
España

CANTO II

Fragmentos

A Teresa

¡Ay!, aquella mujer, tan sólo aquélla
tanto delirio a realizar alcanza,
y esa mujer tan cándida y tan bella
es mentida ilusión de la esperanza:
es el alma que vívida destella
su luz al mundo cuando en él se lanza,
y el mundo con su magia y galanura,
es espejo no más de su hermosura.

(...)

¡Oh, llama santa! ¡Celestial anhelo!
¡Sentimiento purísimo! ¡Memoria
acaso triste de un perdido cielo,
quizás esperanza de futura gloria!
¡Huyes y dejas llanto y desconsuelo!
¡Oh, mujer, que en imagen ilusoria
tan pura, tan feliz, tan placentera,
brindó el amor a mi ilusión primera!

(...)

Y alegre, audaz, ansioso, enamorado,
en tus brazos, en lánguido abandono,
de glorias y deleites rodeado,
levantar para ti soñé yo un trono:

y allí, tú venturosa y yo a tu lado,
vencer del mundo el implacable encono,
y en un tiempo sin horas y medida
ver como un sueño resbalar la vida.

¡Pobre del amor a quien la fantasía abandona!

A. GRAF

GUSTAVO ADOLFO BÉCQUER
1836 - 1870
España

RIMA
LIII

Volverán las oscuras golondrinas
en tu balcón sus nidos a colgar,
y otra vez con el ala a sus cristales
jugando llamarán.

Pero aquéllas que el vuelo refrenaban
tu hermosura y mi dicha al contemplar,
aquéllas que aprendieron nuestros nombres...
¡ésas... no volverán!

Volverán las tupidas madreselvas
de tu jardín las tapias a escalar,
y otra vez a la tarde aún más hermosas
sus flores se abrirán.

Pero aquellas cuajadas de rocío
cuyas gotas mirábamos temblar
y caer como lágrimas del día...
¡ésas... no volverán!

Volverán del amor en tus oídos
las palabras ardientes a sonar;
tu corazón de su profundo sueño
tal vez despertará.

Pero mudo y absorto y de rodillas
como se adora a Dios ante su altar,
como yo te he querido... desengáñate,
¡así... no te querrán!

JOSÉ GAUTIER BENÍTEZ
1848 - 1880
Puerto Rico

LOS OJOS DE T.

Un astrónomo viendo las estrellas
preguntó la razón
de por qué le faltaban las más bellas
a una constelación.

En vano ¡el infeliz! se fatigaba
queriéndolas hallar,
y del cielo a la bóveda miraba
¡qué habría de encontrar!

Cansado de mirar al firmamento
a tus ojos miró.
"¡Por fin!", exclama, y se marchó contento
pues entonces las vio.

100

Amor, alma es del mundo...

TORCUATO TASSO

HERNANDO DE ACUÑA

1520 - 1580
España

XXVI

SONETO SOBRE LA RED DE AMOR

Dígame quién lo sabe: ¿cómo es hecha
la red de Amor, que a tanta gente prende?
¿Y cómo, habiendo tanto que la tiende,
no está del tiempo ya rota o deshecha?

¿Y cómo es hecho el arco que Amor flecha,
pues hierro ni valor de él se defiende?
¿Y cómo o dónde halla, o quién le vende,
de plomo, plata y oro tanta flecha?

Y si dicen que es niño, ¿cómo viene
a vencer los gigantes? Y si es ciego,
¿cómo toma al tirar cierta la mira?

Y si, como se escribe, siempre tiene
en una mano el arco, en otra el fuego,
¿cómo tiende la red y cómo tira?

Puede uno amar sin ser feliz; puede uno ser feliz sin amar;
pero amar y ser feliz es algo prodigioso.

HONORATO DE BALZAC

JOSÉ PEDRONI

1899 - 1968
Argentina

AMOR CON LLUVIA Y PALOMA

Fragmento

Las palomas de tu casa
se vinieron a la mía
el día que a mí viniste,
que ya es un lejano día.

Pero todavía hoy,
porque eres de lluvia y trigo,
adondequiera que vayas
las alas se van contigo.

Sabe, así, toda la gente
todo lo que a mí me pasa:
tú estás conmigo si vuelan
palomas sobre mi casa.

El amor del hombre es en su vida una cosa aparte,
mientras que en la mujer es su completa existencia.

LORD BYRON

RAMÓN MARÍA DEL VALLE INCLÁN
1869 - 1936
España

ROSA DE MI ABRIL

Fragmento

¡Divina tristeza, fragante
de amor y dolor! ¡Dulce espina!
¡Soneto que hace el estudiante
a los ojos de una vecina!

La vecina que en su ventana
suspiraba de amor. Aquella
dulce niña, que la manzana
ofrecía como una estrella.

¡Ojos cándidos y halagüeños,
boca perfumada de risas,
alma blanca llena de sueños
como un jardín lleno de brisas!

(...)

¡Clara mañana de mi historia
de amor, tu rosa deshojada,
en los limbos de mi memoria
perfuma una ermita dorada!

*Un corazón alegre es el resultado
de un corazón que arde de amor.*

MADRE TERESA DE CALCUTA

JUAN RAMÓN JIMÉNEZ
1881 - 1896
España

CANCIONCILLAS ESPIRITUALES
EL HECHO

Cuando ella se ha ido,
es cuando yo la miro.
Luego, cuando ella viene,
ella desaparece.

*¡Quien no llegó a sufrir las heridas del amor no puede saber
los tormentos deleitosos que proporcionan!*

ANÓNIMO
Las mil y una noches

JOSÉ DE DIEGO Y BENÍTEZ
1867 - 1918
Puerto Rico

A UNA COQUETA

Una leyenda, tu azarosa vida;
tu espíritu voluble, una dolora;
tu boca un madrigal es que atesora
la dulzura en sus frases escondida.

Es de tu frente la risueña aurora
idilio tierno que al amor convida
y en tu faz palpitante y encendida
una égloga de flores puso Flora.

De una armonía celestial emblema,
tienen tus ojos la cantante llama
que alumbra y da la inspiración suprema.

¡Y todo en ti es poesía y todo ama!
¡Y no eres un magnífico poema
porque eres un magnífico epigrama!

*La magia del primer amor consiste en nuestra
ignorancia de que pueda tener fin.*

BENJAMÍN DISRAELI

JUAN DE TASSIS Y PERALTA
CONDE DE VILLAMEDIANA
1582 - 1622
España

AMOR NO ES VOLUNTAD...

Amor no es voluntad, sino destino
de violenta pasión y fe con ella;
elección nos parece y es estrella
que sólo alumbra el propio desatino.

Milagro humano es símbolo divino,
ley que sus mismas leyes atropella,
ciega deidad, idólatra querella,
que da fin y no medio a su camino.

Sin esperanza, y casi sin deseo,
recatado del propio pensamiento,
en ansias vivas acabar me veo.

Persuasión eficaz de mi tormento,
que parezca locura y devaneo
lo que es amor, lo que es conocimiento.

*He vivido bastante para saber que el brillo vespertino
del amor posee una riqueza y un esplendor propios.*

BENJAMÍN DISRAELI

DIEGO DE TORRES Y VILLARROEL
1694 - 1770
España

Obra intervenida
Proyecto Larsen

SONETO

A MI AMADA

No encubras, mi amada, tus facciones
tus ojos apacibles y serenos,
sólo en tus perfecciones se echa a menos
el no comunicar tus perfecciones.

No ves en las floridas estaciones
las flores en los cuadros más amenos
derramar su hermosura y dejar llenos
los sentidos rompiendo sus botones.

Tú eres un cuadro que el autor divino
plantó del mundo en el jardín hermoso
dando al sentido gloria en su pintura.

No escondas, no, tu rostro peregrino
que le robas al mundo un bien precioso
mira que es bien ajeno la hermosura.

*El amor es una planta primaveral que perfuma con su esperanza
hasta las ruinas a la que se aferra.*

GUSTAVE FLAUBERT

LUIS G. URBINA
1868 - 1934
México

METAMORFOSIS

Era un cautivo beso enamorado
de una mano de nieve, que tenía
la apariencia de un lirio desmayado
y el palpitar de un ave en la agonía.

Y sucedió que un día,
aquella mano suave
de palidez de cirio,
de languidez de lirio,
de palpitar de ave,
se acercó tanto a la prisión del beso,
que ya no pudo más el pobre preso
y se escapó; mas, con voluble giro,
huyó la mano hasta el confín lejano,
y el beso que volaba tras la mano,
rompiendo el aire, se volvió suspiro.

*La satisfacción de los sentidos pronto se convierte
en una parte muy pequeña de ese sentimiento profundo
y complejo al que llamamos amor.*

BENJAMÍN DISRAELI

RUBÉN DARÍO

1867 - 1916
Nicaragua

ABROJOS - XVII

Cuando la vio pasar el pobre mozo
y oyó que le dijeron: −¡Es tu amada!...
lanzó una carcajada,
pidió una copa y se bajó el embozo.
¡Que improvise el poeta!
　　　　　Y habló luego
del amor, del placer, de su destino...
Y al aplaudirle la embriagada tropa,
se le rodó una lágrima de fuego,
que fue a caer al vaso cristalino.
Después, tomó su copa
¡y se bebió la lágrima y el vino!

El amor, como la milicia, rechaza a los tímidos y a los pusilánimes
que ignoran con qué ardor se defienden las banderas.

OVIDIO

FEDERICO GARCÍA LORCA
1898 - 1936
España

DESEO

Sólo tu corazón caliente,
y nada más.

Mi paraíso, un campo
sin ruiseñor
ni liras,
con un río discreto
y una fuentecilla.

Sin la espuela del viento
sobre la fronda,
ni la estrella que quiere
ser hoja.

Una enorme luz
que fuera
luciérnaga
de otra,
en un campo de
miradas rotas.

Un reposo claro
y allí nuestros besos,
lunares sonoros
del eco,
se abrirían muy lejos.

Y tu corazón caliente,
nada más.

GUTIERRE DE CETINA

1520 - 1557
España

Obra intervenida
Proyecto Larsen

OJOS CLAROS Y SERENOS

Ojos claros, serenos,
si de un dulce mirar son alabados,
¿por qué, si me miran, miran airados?

Si cuanto más piadosos,
más bellos parecen a quien los mira,
no me miren con ira,
para no parecer menos hermosos.

¡Ay, tormentos rabiosos!
Ojos claros, serenos,
ya que así me miran, mírenme al menos.

111

ANÓNIMO
ROMANCERO VIEJO
España

Obra intervenida
Proyecto Larsen

ROMANCE DE FONTEFRÍA

Fuentefría, Fuentefría,
Fuentefría y con amor,
donde van las avecitas
a tomar consolación,
salvo la pequeña tórtola
que está viuda y con dolor.
Fue por allí a pasar
el traidor del ruiseñor,
las palabras que él decía
llenas están de traición:
—si tu quisieses, señora,
yo sería tu servidor.
—Vete de aquí, enemigo,
malo, falso, engañador,
que ni poso en ramo verde,
ni en prado que tenga flor,
que si hallo el agua clara,
turbia me la bebo yo;
que no deseo un marido,
por no tener hijos, no;
no quiero placer con ellos,
ni menos consolación.
Déjame, triste enemigo,
malo, falso, mal traidor,
que no quiero ser tu amiga
ni casar contigo, no.

112

JOSÉ ASUNCIÓN SILVA

1865 - 1896
Colombia

JUNTOS LOS DOS

Juntos los dos reímos cierto día...
¡Ay, y reímos tanto
que toda aquella risa bulliciosa
se tornó pronto en llanto!
Después, juntos los dos, alguna noche,
reímos mucho, tanto,
que quedó como huella de las lágrimas
un misterioso encanto!
Nacen hondos suspiros, de la orgía
entre las copas cálidas
y en el agua salobre de los mares,
se forjan perlas pálidas!

Vivir sin amor no es propiamente vivir.

MOLIÈRE

SOR JUANA INÉS DE LA CRUZ
1646 - 1695
España

REDONDILLAS

Fragmento

Hombres necios que acusáis
a la mujer sin razón,
sin ver que sois la ocasión
de lo mismo que culpáis:

si con ansia sin igual
solicitáis su desdén,
¿por qué queréis que obren bien
si las incitáis al mal?

Combatís su resistencia
y luego, con gravedad,
decís que fue liviandad
lo que hizo la diligencia.

(...)

¿Pues cómo ha de estar templada
la que vuestro amor pretende,
si la que es ingrata, ofende,
y la que es fácil, enfada?

Mas, entre el enfado y pena
que vuestro gusto refiere,
bien haya la que no os quiere
y quejaos en hora buena.

Dan vuestras amantes penas
a sus libertades alas,
y después de hacerlas malas
las queréis hallar muy buenas.

El amor halla sus caminos, aunque sea a través de senderos por donde ni los lobos se atreverían a seguir su presa.

LORD BYRON

SALVADOR DÍAZ MIRÓN

1853 - 1928
México

A ELLA

Semejas esculpida en el más fino
hielo de cumbre sonrojado al beso
del sol, y tienes ánimo travieso,
y eres embriagadora como el vino.

Y mientras: no imitaste al peregrino
que cruza un monte de penoso acceso,
y párase a escuchar con embeleso
un pájaro que canta en el camino.

Obrando tú como rapaz avieso,
correspondiste con la trampa del trino,
por ver mi pluma y torturarme preso.

No así al viandante que se vuelve a un pino
y se para a escuchar con embeleso
un pájaro que canta en el camino.

*El amor no trata de complacer ni se preocupa de sí, pero por el otro
renuncia a su paz, y construye un cielo
en la desesperación del infierno.*

WILLIAM BLAKE

AMADO NERVO

1870 - 1919
México

LO MÁS INMATERIAL

Me dejaste –como ibas de pasada–
lo más inmaterial que es tu mirada.

Yo te dejé –como iba tan de prisa–
lo más inmaterial, que es mi sonrisa.

Pero entre tu mirada y mi risueño
rostro quedó flotando el mismo sueño.

¿Morir?... bien poca cosa. Se abre la tierra.
Lloran los hombres. La tumba calla.
¿Amar?... hecho infinito. Se abre el cielo.
Ríen los astros. Dios habla.

JULIO HERRERA Y REISSIG

DELMIRA AGUSTINI
1887 - 1914
Uruguay

EL ROSARIO DE EROS

Fragmento

Con tristeza de almas,
se doblegan los cuerpos,
sin velos, santamente
vestidos de deseo.
Imanes de mis brazos, panales de mi entraña,
como a invisible abismo se inclinan en mi lecho...
¡Ah, entre todas las manos yo he
[buscado tus manos!
Tu boca entre las bocas, tu cuerpo
[entre los cuerpos,
de todas las cabezas yo quiero tu cabeza,
de todos esos ojos, tus ojos sólo quiero.
Tú eres el más triste, por ser el más querido,
tú has llegado el primero por venir de más lejos...
¡Ah, la cabeza oscura que no he tocado nunca
y las pupilas claras que miré tanto tiempo!
Las orejas que ahondamos la tarde
[y yo inconcientes,
la palidez extraña que doblé sin saberlo,
ven a mí: mente a mente;
ven a mí: cuerpo a cuerpo.
Tú me dirás qué has hecho de mi primer suspiro,
tú me dirás qué has hecho
[del sueño de aquel beso...
me dirás si lloraste cuando yo te dejé solo...
¡Y me dirás si has muerto!...
Si has muerto,
mi pena enlutará la alcoba plenamente,

y estrecharé tus hombros hasta apagar mi cuerpo.
Y en el silencio ahondado de tiniebla,
y en la tiniebla ahondada de silencio,
nos velará llorando, llorando hasta morirse,
nuestro hijo: el recuerdo.

El amor infinito es un arma de potencia inigualable.
Es el atributo de los valientes y no está al alcance de los cobardes.

MAHATMA GANDHI

JULIO FLÓREZ
1867 - 1923
Colombia

TÚ NO SABES AMAR

Tú no sabes amar; ¿acaso intentas
darme calor con tu mirada triste?
El amor nada vale sin tormentas,
¡sin tempestades... el amor no existe!

Y sin embargo, ¿dices que me amas?
No, no es el amor lo que hacia mí te mueve:
el Amor es un sol hecho de llamas,
y en los soles jamás cuaja la nieve.

¡El amor es volcán, es rayo, es lumbre,
y debe ser devorador, intenso,
debe ser huracán, debe ser cumbre...
debe alzarse hasta Dios como el incienso!

¿Pero tú piensas que el amor es frío?
¿Que ha de asomar en ojos siempre yertos?
¡Con tu anémico amor... anda, bien mío,
anda al osario a enamorar los muertos!

El amor es el premio del amor.

JOHN DRYDEN

EVARISTO CARRIEGO

1883 - 1912
Argentina

COMO AQUELLA OTRA

Sí, vecina: te puedes dar la mano,
esa mano que un día fuera hermosa,
con aquella otra eterna silenciosa
que se cansara de aguardar en vano.

Tú también, como ella, acaso fuiste
la bondadosa amante, la primera,
de un estudiante pobre, aquel que era
un poco chacotón y un poco triste.

O no faltó el muchacho periodista
que allá en tus buenos tiempos de modista
en ocios melancólicos te amó,

y que una fría noche ya lejana,
te dijo, como siempre: –Hasta mañana...
pero que no volvió.

El más bello instante del amor, el único que verdaderamente nos
embriaga, es este preludio: el beso.

PAUL GÉRALDY

HERNANDO DE ACUÑA
1510 - 1580
España

Obra intervenida
Proyecto Larsen

SONETO
LXXXVI

¡Oh, celos, mal de cien mil males lleno,
daño interior, muy poderoso y fuerte,
peor mil veces que rabiosa muerte,
por bastarte a turbar lo más sereno.

Ponzoñosa serpiente, que en el seno
te crías, donde acabas por hacerte
en próspero sujeto adversa suerte
y en sabroso manjar un cruel veneno.

¿De cuál valle infernal eres salido?
¿Cuál furia te formó?, porque natura
nada formó que no sirviese al hombre.

¿En qué constelación eres nacido?
Porque no sólo mata tu figura,
pues basta a mayor mal sólo tu nombre.

Un hombre de noble corazón irá muy lejos,
guiado por la palabra gentil de una mujer.

JOHANN WOLFGANG GOETHE

MARIO BENEDETTI
1920
Uruguay

TE QUIERO

Tus manos son mi caricia,
mis acordes cotidianos;
te quiero porque tus manos
trabajan por la justicia.

Si te quiero es porque sos
mi amor, mi cómplice y todo.
Y en la calle codo a codo
somos mucho más que dos.

Tus ojos son mi conjuro
contra la mala jornada;
te quiero por tu mirada
que mira y siembra futuro.

Tu boca que es tuya y mía,
tu boca no se equivoca;
te quiero porque tu boca
sabe gritar rebeldía.

Si te quiero es porque sos
mi amor, mi cómplice y todo.
Y en la calle codo a codo
somos mucho más que dos.

Y por tu rostro sincero.
Y tu paso vagabundo.
Y tu llanto por el mundo.
Porque sos pueblo te quiero.

Y porque amor no es aureola,
ni cándida moraleja,
y porque somos pareja
que sabe que no está sola.

Te quiero en mi paraíso;
es decir, que en mi país
la gente viva feliz
aunque no tenga permiso.

Si te quiero es porque sos
mi amor, mi cómplice y todo.
Y en la calle codo a codo
somos mucho más que dos.

Un hombre y una mujer verdaderamente enamorados es el único
espectáculo de este mundo digno de ofrecer a los dioses.

JOHANN WOLFGANG GOETHE

JUAN DE DIOS PEZA

1852 - 1910
México

EN CADA CORAZÓN

En cada corazón arde una llama
si aún vive la ilusión y amor impera,
pero en mi corazón desde que te ama
sin que viva ilusión, arde una hoguera.

Oye esta confesión: te amo con miedo,
con el miedo del alma a tu hermosura,
y te traigo a mis sueños y no puedo
llevarte más allá de mi amargura.

Amor: dos corazones heridos de una misma enfermedad.

MORETO

FRANCISCO LUIS BERNÁRDEZ
1900 - 1978
Argentina

ESTAR ENAMORADO

Estar enamorado, amigos,
es encontrar el nombre justo de la vida.
Es dar al fin con la palabra
que para hacer frente a la muerte se precisa.
Es recobrar la llave oculta
que abre la cárcel en que el alma está cautiva.
Es levantarse de la tierra
con una fuerza que reclama desde arriba.
Es respirar el ancho viento
que por encima de la carne se respira.
Es contemplar desde la cumbre
de la persona, la razón de las heridas.
Es advertir en unos ojos
una mirada verdadera que nos mira.
Es repetir en una boca
la propia voz profundamente repetida.
Es sorprender en unas manos
ese calor de la perfecta compañía.
Es sospechar que, para siempre,
la soledad de nuestra sombra está vencida.

Estar enamorado, amigos,
es descubrir dónde se juntan cuerpo y alma.
Es percibir en el desierto
la cristalina voz de un río que nos llama.
Es ver el mar desde la torre
donde ha quedado prisionera nuestra infancia.
Es apoyar los ojos tristes
en un paisaje de cigüeñas y campanas.
Es ocupar un territorio

donde conviven los perfumes y las armas.
Es dar la ley a cada rosa
y, al mismo tiempo, recibirla de su espada.
Es confundir el sentimiento
con una hoguera que desde el pecho se levanta.
Es gobernar la luz del fuego
y, al mismo tiempo, ser esclavo de la llama.

Es extender la pensativa
conversación del corazón y la distancia.
Es encontrar el derrotero
que lleva al reino de la música sin tasa.

Estar enamorado, amigos,
es adueñarse de las noches y los días.
Es olvidar entre los dedos
emocionados la cabeza distraída.
Es recordar a Garcilaso,
cuando se siente la canción de una herrería.
Es ir leyendo lo que escriben
en el espacio las primeras golondrinas.
Es ver la estrella de la tarde
por la ventana de una casa campesina.
Es contemplar un tren que pasa
por la montaña con las luces encendidas.
Es comprender perfectamente
que no hay fronteras entre el sueño y la vigilia.

Es ignorar en qué consiste
la diferencia entre la pena y la alegría.
Es escuchar a medianoche
la vagabunda confesión de la llovizna.
Es divisar en las tinieblas
del corazón una pequeña lucecita.

Estar enamorado, amigos,
es padecer espacio y tiempo con dulzura.
Es despertarse una mañana

con el secreto de las flores y las frutas.
Es libertarse de sí mismo
y estar unido con las otras criaturas.
Es no saber si son ajenas
o si son propias las lejanas amarguras.
Es remontar hasta la fuente
las aguas turbias del torrente de la angustia.
Es compartir la luz del mundo
y, al mismo tiempo, compartir su noche oscura.
Es asombrarse y alegrarse
de que la luna todavía sea luna.

Es comprobar en cuerpo y alma
que la tarea de ser hombre es menos dura.
Es empezar a decir siempre
y en adelante no volver a decir nunca.
Y es, además, amigos míos,
estar seguro de tener las manos puras.

*Camino sencillamente por aquí, entre las líneas
de mi carta, bajo la luz de tus ojos, en el aliento
de tu boca, como en un día bello y feliz.*

FRANZ KAFKA

LOPE DE VEGA

1562 - 1635
España

Poema escrito por Lope de Vega cuando su amada esposa Marta de Nevares quedó ciega debido a una grave enfermedad (1622). Ella poseía unos hermosos ojos verdes.

CUANDO YO VI MIS LUCES ECLIPSARSE...

Cuando yo vi mis luces eclipsarse,
cuando yo vi mi sol oscurecerse,
mis verdes esmeraldas enlutarse
y mis puras estrellas esconderse,
no puede mi desdicha ponderarse
ni mi grave dolor encarecerse,
ni puede aquí sin lágrimas decirse
cómo se fue mi sol sin despedirse.
Los ojos de los dos tanto sintieron,
que no sé cuáles más se lastimaron,
los que en ella cegaron o en mí vieron.

La dicha de la vida consiste en tener siempre algo que hacer, alguien a quien amar y alguna cosa que esperar.

CHALMERS

BESOS

Fragmento

Hay besos que producen desvaríos
de amorosa pasión ardiente y loca,
tú los conoces bien, son besos míos,
inventados por mí, para tu boca.

Besos de llama que en un rastro impreso
llevan los surcos de un amor vedado,
besos de tempestad, salvajes besos
que sólo nuestros labios han probado.

(...)

¿Te acuerdas que una tarde en loco exceso
te vi celoso imaginando agravios,
te suspendí en mis brazos?... vibró un beso,
¿y qué viste después...? Sangre en mis labios.

Yo te enseñe a besar: los besos fríos
son de impasible corazón de roca,
yo te enseñé a besar con besos míos
inventados por mí, para tu boca.

Nada tan agradable como los principios del amor, cuando a ella le gusta aprender y a él le gusta enseñar.

JOHANN W. GOETHE

FRANCISCO VILLAESPESA
1877 - 1936
España

IX
LA CANCIÓN DEL RECUERDO

Aquí el sillón donde bordar solía,
de las noches de invierno en la velada...
La frente entre las manos apoyada,
yo, a la luz de la lámpara, leía.

Cansado, la lectura interrumpía,
y, sonriendo, alzaba la mirada...
Ella, a veces, mirándome extasiada
–la aguja entre los dedos–, sonreía.

Ahora también parece que la espera
el vacío sillón, allá en la sombra.
La lectura interrumpo... el alma entera

palpita de avidez en mis oídos,
esperando sentir sobre la alfombra
el ligero rumor de sus vestidos.

El amor nace con el placer de mirarse mutuamente,
se alimenta con la necesidad de verse y concluye
con la imposibilidad de la separación.

JOSÉ MARTÍ

JOSÉ GAUTIER BENÍTEZ
1848 - 1880
Puerto Rico

DEBER DE AMAR

Mientras errante por extraño suelo
me acuerde de mi patria;
mientras el santo amor de la familia
guarde mi alma;
mientras tenga mi mente inspiraciones,
sonidos mi garganta;
mientras la sangre por mis venas corra,
tengo que amarla.

Mientras pueda a los cielos levantarse
tranquila mi mirada;
mientras me dé su aroma delicado
la flor de la esperanza;
mientras tenga de amor gratos ensueños
ilusiones doradas;
mientras tenga vida y sentimiento,
tengo que amarla.

Mientras guarde el santuario de mi pecho
de gratitud la llama;
mientras recuerde de mi dulce niña
el dolor y las lágrimas;
mientras recuerde que mi amor ha sido
su dicha y su desgracia;
mientras haya virtud, lealtad, nobleza,
tengo que amarla.

¡Sean mis sueños de placer y dicha
como sombras livianas;

sea mi pobre corazón un campo
sin verdor ni fragancia;
que no encuentre jamás en mi existencia
auroras de bonanza;
que mi vida sea un largo sufrimiento,
primero que olvidarla!

Que no pruebe jamás la miel del beso
de mi madre adorada;
que nunca aborde mi velera nave
al puerto de mi patria;
que las olas arrojen mi cadáver
sobre ignorada playa,
¡todo, todo, lo juro! lo prefiero
primero que olvidarla.

*Si antes de besar a la persona amada habéis contemplado
las estrellas, no la besaréis de la misma manera que si sólo
habéis mirado las paredes de vuestra habitación.*

MAURICE MAETERLINCK

FRANCISCO DE QUEVEDO
1580 - 1645
España

A AMINTA, QUE SE CUBRIÓ LOS OJOS CON LA MANO

Lo que me quita en fuego, me da en nieve
la mano que tus ojos me recata;
y no es menos rigor con el que mata,
ni menos llamas su blancura mueve.

La vista frescos los incendios bebe,
y volcán por las venas los dilata;
con miedo atento a la blancura trata
el pecho amante, que la siente aleve.

Si de tus ojos el ardor tirano
le pasas por tu mano por templarle,
es gran piedad del corazón humano;

Mas no de ti, que puede al ocultarle,
pues es de nieve, derretir tu mano,
si ya tu mano no pretende helarle.

*Los seres destinados a ser amados son, a pesar de todo,
odiados por aquellos otros seres a quienes nadie nunca puede amar.*

FRANÇOIS MAURIAC

JOSÉ BATRES Y MONTÚFAR

1809 - 1844
Guatemala

YO PIENSO EN TI

Yo pienso en ti; tú vives en mi mente:
sola, fija, sin tregua, a toda hora;
aunque tal vez el rostro indiferente
no deje reflejar sobre mi frente
la llama que en silencio me devora.
En mi lóbrega y yerta fantasía
brilla tu imagen apacible y pura,
como el rayo de luz que el sol envía
al través de una bóveda sombría
al roto mármol de una sepultura.
Callado, inerte, en estupor profundo,
mi corazón se embarga y se enajena;
y allá en su centro vibra moribundo,
cuando entre el vano estrépito del mundo
la melodía de tu nombre suena.
Sin lucha sin afán y sin lamento,
sin agitarme en ciego frenesí,
sin proferir un solo, un leve acento,
las largas horas en la noche cuento
¡y pienso en ti!

135

El ser más insignificante puede ser amado,
si sabe organizar la incertidumbre.

ANDRE MAUROIS

PABLO NERUDA

1904 - 1973
Chile

POEMA 14

Juegas todos los días con la luz del universo.
Sutil visitadora, llegas en la flor y en el agua.
Eres más que esta blanca cabecita que aprieto
como un racimo entre mis manos cada día.

A nadie te pareces desde que yo te amo.
Déjame tenderte entre guirnaldas amarillas.
¿Quién escribe tu nombre con letras de humo
entre las estrellas del sur?
Ah, déjame recordarte cómo eras entonces,
[cuando aún no existías.

De pronto el viento aúlla y golpea
[mi ventana cerrada.
El cielo es una red cuajada de peces sombríos.
Aquí vienen a dar todos los vientos, todos.
Se desviste la lluvia.

Pasan huyendo los pájaros.
El viento. El viento.
Yo sólo puedo luchar contra la fuerza
[de los hombres.
El temporal arremolina hojas oscuras
y suelta todas las barcas que anoche
[amarraron al cielo.

Tú estás aquí. Ah, tú no huyes.
Tú me responderás hasta el último grito.
Ovíllate a mi lado como si tuvieras miedo.

Sin embargo alguna vez corrió una sombra
[extraña por tus ojos.

Ahora, ahora también, pequeña,
[me traes madreselvas,
y tienes hasta los senos perfumados.
Mientras el viento triste galopa matando mariposas
yo te amo, y mi alegría muerde tu boca de ciruela.

Cuánto te habrá dolido acostumbrarte a mí,
a mi alma sola y salvaje, a mi nombre
[que todos ahuyentan.
Hemos visto arder tantas veces
[el lucero besándonos los ojos
y sobre nuestras cabezas destorcerse
[los crepúsculos en abanicos girantes.

Mis palabras llovieron sobre ti acariciándote.

Amé desde hace tiempo tu cuerpo
[de nácar soleado.
Hasta te creo dueña del universo.
Te traeré de las montañas flores alegres, copihues,
avellanas oscuras, y cestas silvestres de besos.

Quiero hacer contigo
lo que la primavera hace con los cerezos.

En amor, el último adiós es el que no se dice.

ALEJANDRO DUMAS (H)

SALVADOR DÍAZ MIRÓN
1853 - 1928
México

A GLORIA

Fragmento

¡Fuerza es que sufra mi pasión! La palma
crece en la orilla que el oleaje azota.
El mérito es el náufrago del alma:
¡vivo, se hunde; pero muerto, flota!

¡Depón el ceño y que tu voz me arrulle!
¡Consuela el corazón del que te ama!
¡Dios dijo al agua del torrente: bulle!;
¡y al río de la margen: embalsama!

¡Confórmate, mujer! Hemos venido
a este valle de lágrimas que abate,
tú, como la paloma, para el nido,
y yo, como el león, para el combate.

No hay nada tan conmovedor como un enamorado
que se llega a las puertas de la amada y cuenta
sus dolencias a los goznes y a los cerrojos.

MOLIÉRE

ALMAFUERTE
1854 - 1917
Argentina

A TUS PIES

Nocturno canto de amor
que ondulas en mis pesares,
como en los negros pinares
las notas del ruiseñor.

Blanco jazmín entre tules
y carnes blancas perdido,
por mi pasión circuído
de pensamientos azules.

Coloración singular
que mi tristeza iluminas,
como al desierto y las ruinas
la claridad estelar.

Nube que cruzas callada
la extensión indefinida,
dulcemente perseguida
por la luz de mi mirada.

Ideal deslumbrador
en el espíritu mío,
como el collar del rocío
con que despierta la flor.

Sumisa paloma fiel
dormida sobre mi pecho,
como si fuera en un lecho
de mirtos y de laurel.

Música, nube, ideal,
ave, estrella, blanca flor,
preludio, esbozo, fulgor
de otro mundo espiritual.

Aquí vengo, aquí me ves,
aquí me postro, aquí estoy,
como tu esclavo que soy,
abandonado a tus pies.

Querer es tener el valor de exponerse
a chocar contra los obstáculos.

STHENDAL

MANUEL ACUÑA
1849 - 1873
México

NOCTURNO

A Rosario

¡Pues bien!, yo necesito decirte que te adoro,
decirte que te quiero con todo el corazón;
que es mucho lo que sufro, que es mucho
[lo que lloro,
que ya no puedo tanto, y al grito
[en que te imploro,
te imploro y te hablo en nombre
[de mi última ilusión.

Yo quiero que tú sepas que ya hace muchos días
estoy enfermo y pálido de tanto no dormir;
que están mis noches negras,
[tan negras y sombrías,
que ya se han muerto todas las esperanzas mías,
que ya no sé ni dónde se alzaba el porvenir.

De noche, cuando pongo mis sienes en la almohada
y hacia otro mundo quiero mi espíritu volver,
camino mucho, mucho, y al fin de la jornada,
las formas de mi madre se pierden en la nada,
y tú de nuevo vuelves en mi alma a aparecer.

Comprendo que tus besos jamás han de ser míos,
comprendo que en tus ojos no me he de ver jamás;
y te amo y en mis locos y ardientes desvaríos,
bendigo tus desdenes, adoro tus desvíos,
y en vez de amarte menos te quiero mucho más.

A veces pienso en darte mi eterna despedida,
borrarte en mis recuerdos y huir de esta pasión;
mas si es en vano todo y el alma no te olvida,
¿qué quieres tú que yo haga, pedazo de mi vida,
qué quieres tú que yo haga con este corazón?

Y luego que ya estaba concluido el santuario,
tu lámpara encendida, tu velo en el altar,
el sol de la mañana detrás del campanario,
chispeando las antorchas, humeando el incensario,
y abierta allá a lo lejos la puerta del hogar...

¡Qué hermoso hubiera sido vivir bajo aquel techo,
los dos unidos siempre y amándonos los dos;
tú siempre enamorada, yo siempre satisfecho,
los dos una sola alma, los dos un solo pecho,
y en medio de nosotros mi madre como un Dios!

¡Figúrate qué hermosas las horas de esa vida!
¡Qué dulce y bello el viaje por una tierra así!
Y yo soñaba en eso, mi santa prometida;
y al delirar en eso con alma estremecida,
pensaba yo en ser bueno por ti, no más por ti.

Bien sabe Dios que ése era mi más hermoso sueño,
mi afán y mi esperanza, mi dicha y mi placer;
¡bien sabe Dios que en nada cifraba yo mi empeño,
sino en amarte mucho en el hogar risueño
que me envolvió en sus besos cuando me vio nacer!

Ésa era mi esperanza... mas ya que a sus fulgores
se opone el hondo abismo que existe entre los dos,
¡adiós por la vez última, amor de mis amores;
la luz de mis tinieblas, la esencia de mis flores;
mi lira de poeta, mi juventud, adiós!

ESTEBAN ECHEVERRÍA
1805 - 1851
Argentina

EL AROMA

Flor dorada que entre espinas
tienes trono misterioso,
¡cuánto sueño delicioso
tú me inspiras a la vez!
En ti veo yo la imagen
de la hermosa que me hechiza,
y mi afecto tiraniza,
con halago y esquivez.

El espíritu oloroso
con que llenas el ambiente,
me penetra suavemente
como el fuego del amor;
y rendido a los encantos
de amoroso devaneo,
un instante apurar creo,
de sus labios el dulzor.

Si te pone ella en su seno,
que a las flores nunca esquiva,
o te mezcla pensativa
con el cándido azahar;
tu fragancia llega al alma
como bálsamo divino,
y yo entonces me imagino
ser dichoso con amar.

GASTÓN FEDERICO DELIGNE
1861 - 1913
República Dominicana

SUBJETIVA

¡Así es mejor! Porque de ti atraído
con ímpetu febril, te amo de veras;
por eso no te he dicho que te amo;
y aún pesárame hermosa que lo sepas.

Por eso no he venido a deshacerme
en ruego vil ni en desmayada queja,
porque temo, no tanto tus desdenes,
como tu blanda y fiel correspondencia.

144

En la más honda y apartada cueva,
hay un monstruo voraz que a Amor vigila,
como terco y terrible centinela.

Cuando prende en dos almas el cariño,
su ojo apagado entre la sombra acecha;
y brilla –cuando en una se confunden–,
como un botón de fuego en las tinieblas.

Él precede a la tarde en que declinan
albas que los amores encendieran;
él es el sacerdote que salmodia
de todo afecto la hora postrimera;

Oculto en el jardín del sentimiento,
él es la nube que ensombrece el cielo;
el petrel que se goza en la tormenta:
para él lo eterno es irrisión, y sólo
–si habla de la constancia– es como befa.

Por eso, porque te amo, yo no quiero
que hagamos en sus garras mutua presa.
¿Quién más pronto o más tarde, del hastío
no es juguete en la efímera existencia?...

Por eso, porque te amo y porque quiero
amarte siempre, con pasión eterna;
no te he dicho el cariño que me inspiras
y no anhelo tampoco que me quieras.

¡Así es mejor! Vivir en el deseo,
es una llama alimentar perpetua;
¡es vivir abrasados, cual vivían
los mártires, los místicos y ascetas!

*Los amores son como los niños recién
nacidos: hasta que no lloran no se sabe si viven.*

JACINTO BENAVENTE

ANTONIO PLAZA LLAMAS
1833 - 1882
México

CANTARES

Te adoré como a una virgen
cuando conocí tu cara;
pero dejé de adorarte
cuando conocí tu alma.

Cuestión de vida o muerte
son las pasiones,
si alguien lo duda, deja
que se apasione.

Las heridas del alma
las cura el tiempo,
y por eso incurables
son en los viejos.

Los astros serán, mi vida,
más que tus ojos hermosos;
pero a mí más que los astros
me gustan, linda, tus ojos.

El amor nunca tiene razones y la falta del amor tampoco.
Todo son milagros.

EUGENE O'NEIL

IGNACIO MANUEL ALTAMIRANO

1834 - 1893

México

LOS NARANJOS

Perdiéronse las neblinas
en los picos de la sierra,
y el sol derrama en la tierra
su torrente abrasador.
Y se derriten las perlas
del argentado rocío,
en las adelfas del río
y en los naranjos en flor.

Del mamey el duro tronco
picotea el carpintero,
y en el frondoso manguero
canta su amor el turpial;
y buscan miel las abejas
en las piñas olorosas,
y pueblan las mariposas
el florido cafetal.

Deja el baño, amada mía,
sal de la onda bullidora;
desde que alumbró la aurora
jugueteas loca allí.
¿Acaso el genio que habita
de ese río en los cristales,
te brinda delicias tales
qué lo prefieres a mí?

¡Ingrata! ¿por qué riendo
te apartas de la ribera?

ven pronto, que ya te espera
palpitando el corazón
¿No ves que todo se agita,
todo despierta y florece?
¿No ves que todo enardece
mi deseo y mi pasión?

En los verdes tamarindos
se requiebran las palomas,
y en el nardo los aromas
a beber las brisas van.
¿Tu corazón, por ventura,
esa sed de amor no siente,
que así se muestra inclemente
a mi dulce y tierno afán?

¡Ah, no! perdona, bien mío;
cedes al fin a mi ruego;
y de la pasión el fuego
miro en tus ojos lucir.
Ven, que tu amor, virgen bella,
néctar es para mi alma;
sin él, que mi pena calma,
¿cómo pudiera vivir?

Ven y estréchame, no apartes
ya tus brazos de mi cuello,
no ocultes el rostro bello
tímida huyendo de mí.
Oprímanse nuestros labios
en un beso eterno, ardiente,
y transcurran dulcemente
lentas las horas así.

En los verdes tamarindos
enmudecen las palomas;

en los nardos no hay aromas
para los ambientes ya.
Tú languideces; tus ojos
ha cerrado la fatiga
y tu seno, dulce amiga,
estremeciéndose está.

En la ribera del río,
todo se agosta y desmaya;
las adelfas de la playa
se adormecen de calor.
Voy el reposo a brindarte
de trébol en esta alfombra
de los naranjos en flor.

¿Qué importa lo fugaz de los amores?
¡También expiran jóvenes las rosas!

MANUEL GUTIÉRREZ NÁJERA

FEDERICO BERMÚDEZ Y ORTEGA
1884 - 1921
República Dominicana

ROMÁNTICA

(Para H. Ducoudray)

Y trémulo de amor, convulso y ciego,
caí por fin ante sus pies de hinojos
enloquecido de pasión y fuego;
sin que del labio se escapara el ruego
le hablé con la elocuencia de los ojos.

Le hablé con la elocuencia delirante,
del lenguaje del alma que está ansiosa,
y en ese vago y misterioso instante,
la nieve de su pálido semblante
se tornó sonrosada y luminosa...

El alma al labio se asomó,
lo mismo que un reclamo de amor,
y en el mutismo de aquel instante vago
de embeleso en que a su alma reclamó la mía:
apuré de su boca la ambrosía,
disuelta en el temblor de un casto beso...

Nadie es capaz de evitar el amor, y nadie es capaz
de evitar que su amor se acabe.

MOLIÉRE

RUBÉN DARÍO

1867 - 1916
Nicaragua

SONATINA

Fragmento

La princesa está triste... ¿qué tendrá la princesa?
Los suspiros se escapan de su boca de fresa,
que ha perdido la risa, que ha perdido el color.
La princesa está pálida en su silla de oro,
está mudo el teclado de su clave sonoro,
y en un vaso, olvidada, se desmaya una flor.

(...)

¡Ay!, la pobre princesa de la boca de rosa
quiere ser golondrina, quiere ser mariposa,
tener alas ligeras, bajo el cielo volar;
ir al sol por la escala luminosa de un rayo,
saludar a los lirios con los versos de mayo
o perderse en el viento sobre el trueno del mar.

Al primer amor se le quiere más, a los otros se los quiere mejor.

ANTOINE DE SAINT-EXUPÉRY

FEDERICO GARCÍA LORCA

1898 - 1936
España

ALBA

Mi corazón oprimido
siente junto a la alborada
el dolor de sus amores
y el sueño de las distancias.
La luz de la aurora lleva
semillero de nostalgias
y la tristeza sin ojos
de la médula del alma.
La gran tumba de la noche
su negro velo levanta
para ocultar con el día
la inmensa cumbre estrellada.

¡Qué haré yo sobre estos campos
cogiendo nidos y ramas,
rodeado de la aurora
y llena de noche el alma!
¡Qué haré si tienes tus ojos
muertos a las luces claras
y no ha de sentir mi carne
el calor de tus miradas!

¿Por qué te perdí por siempre
en aquella tarde clara?
Hoy mi pecho está reseco
como una estrella apagada.

GARCILASO DE LA VEGA

1501 - 1536

España

Obra intervenida
Proyecto Larsen

ÉGLOGA I

Fragmentos

Tu dulce habla ¿en cuál oreja suena?
Tus claros ojos ¿a quién los volviste?
¿Por quién tan sin respeto me cambiaste?
Tu quebrantada fe ¿dó la pusiste?
¿Cuál es el cuello que, como en cadena,
de tus hermosos brazos anudaste?
No hay corazón que baste,
aunque fuese de piedra,
viendo mi amada hiedra,
de mí arrancada, en otro muro asida,
y mi parra en otro olmo entretejida,
que no se esté con llanto deshaciendo
hasta acabar la vida.
Salid sin duelo, lágrimas, corriendo.

(...)

Con mi llorar las piedras enternecen
su natural dureza y la quebrantan;
los árboles parece que se inclinan:
las aves que me escuchan, cuando cantan,
con diferente voz se condolecen,
y mi morir cantando me adivinan.
Las fieras, que reclinan
su cuerpo fatigado,
dejan el sosegado
sueño por escuchar mi llanto triste.

153

Tú sola contra mí te endureciste,
los ojos aún siquiera no volviendo
a lo que tú hiciste.
Salid sin duelo, lágrimas, corriendo.

El amor es intensidad y por esto es una distensión del tiempo:
estira los minutos y los alarga como siglos.

OCTAVIO PAZ

GUILLERMO BLEST GANA
1829 - 1904
Chile

MIRADA RETROSPECTIVA

Al llegar a la página postrera
de la tragicomedia de mi vida,
vuelvo la vista al punto de partida
con el dolor de quien ya nada espera.

¡Cuánta noble ambición que fue quimera!
¡Cuánta bella ilusión desvanecida!
¡Sembrada está la senda recorrida
con las flores de aquella primavera!

Pero en esta hora lúgubre, sombría,
de severa verdad y desencanto,
de supremo dolor y de agonía,

es mi mayor pesar, en mi quebranto,
no haber amado más, yo que creía,
¡yo que pensaba haber amado tanto!

*Pintar el amor ciego es una sinrazón de los poetas; es preciso quitarle
la venda y devolverle para siempre la alegría de sus ojos.*

BLAISE PASCAL

JULIO FLÓREZ

1867 - 1923
Colombia

VISIÓN

¿Eres un imposible? ¿Una quimera?
¿Un sueño hecho carne, hermosa y viva?
¿Una explosión de luz? Responde esquiva
maga en quien encarnó la primavera.

Tu frente es lirio, tu pupila hoguera,
tu boca flor en donde nadie liba
la miel que entre sus pétalos cautiva
al colibrí de la pasión espera.

¿Por qué sin tregua, por tu amor suspiro,
si no habré de alcanzar ese trofeo?
¿Por qué llenas el aire que respiro?

En todas partes te halla mi deseo:
los ojos abro y por doquier te miro;
cierro los ojos y entre mí te veo.

MANUEL MAGALLANES MOURE
1878 - 1924
Chile

AMOR

Amor que vida pones en mi muerte
como una milagrosa primavera:
ido ya te creí, porque en la espera,
amor, desesperaba de tenerte.

Era el sueño tan largo y tan inerte,
que si con vigor tanto no sintiera
tu renacer, dudara, y te creyera,
amor, sólo un engaño de la suerte.

Mas te conozco bien, y tan sabido
mi corazón, te tiene, que, dolido,
sonríe y quiere huirte y no halla modo.

Amor que tornas, entra. Te aguardaba.
Temía tu regreso, y lo deseaba.
Toma, no pidas, porque tuyo es todo.

El amor es un punto de acuerdo entre un hombre y una mujer
que están en desacuerdo en todo lo demás.

ENRIQUE JARDIEL PONCELA

RAFAEL OBLIGADO
1851 - 1920
Argentina

OFRENDA

¡Ah! yo que en torno de tu sien he visto
perennemente suspendida el alba,
y encenderse en el cielo de tus ojos
como una estrella el esplendor de tu alma,
ha querido mi ofrenda de poeta
consagrar a tu imagen solitaria,
azucena de luz, donde mi espíritu
posó un instante las ligeras alas.

*La reducción del Universo a un solo ser; la dilatación de un solo ser
hasta Dios; esto es amor.*

VÍCTOR HUGO

JOSÉ GAUTIER BENÍTEZ

1848 - 1880
Puerto Rico

IMPOSIBLE

Conociendo los antojos
de tu alma orgullosa y fiera
sé que nunca me quisiera
si me humillara a tus ojos.
Y aunque lloro sus desvíos,
la quiero orgullosa y fiera,
pues tampoco la quisiera
si se humillara a los míos.
Y nuestro amor comprimiendo
ambos del orgullo en pos,
vamos por el mundo, ¡ay Dios!
el uno del otro huyendo.

La felicidad nunca es perfecta hasta que no se comparte.

JANE PORTER

ANTONIO MACHADO

1875 - 1939
España

INVENTARIO GALANTE

Fragmento

Tus ojos me recuerdan
las noches de verano,
negras noches sin luna,
orilla al mar salado,
y el chispear de estrellas
del cielo negro y bajo.
Tus ojos me recuerdan
las noches de verano.
Y tu morena carne,
los trigos requemados,
y el suspirar de fuego
de los maduros campos.

(...)

Me embriagaré una noche
de cielo negro y bajo,
para cantar contigo,
orilla al mar salado,
una canción que deje
cenizas en los labios...
De tu mirar de sombra
quiero llenar mi vaso

GUSTAVO ADOLFO BÉCQUER

1836 - 1870
España

RIMA
XXX

Asomaba a sus ojos una lágrima
y a mis labios una frase de perdón;
habló el orgullo y se enjugó su llanto,
y la frase en mis labios expiró.

Yo voy por un camino; ella, por otro;
pero, al pensar en nuestro mutuo amor,
yo digo aún: –¿por qué callé aquel día?
Y ella dirá: –¿por qué no lloré yo?

*El amor es el esfuerzo que hace el hombre para contentarse
con una sola mujer.*

PAUL GÉRALDY

FEDERICO GARCÍA LORCA

1898 - 1936
España

LA CASADA INFIEL

A Lydia Cabrera y a su negrita

Que yo me la llevé al río
creyendo que era mozuela,
pero tenía marido.
Fue la noche de Santiago
y casi por compromiso.
Se apagaron los faroles
y se encendieron los grillos.
En las últimas esquinas
toqué sus pechos dormidos,
y se me abrieron de pronto
como ramos de jacintos.
El almidón de su enagua
me sonaba en el oído,
como una pieza de seda
rasgada por diez cuchillos.
Sin luz de plata en sus copas
los árboles han crecido,
y un horizonte de perros
ladra muy lejos del río.

Pasadas las zarzamoras,
los juncos y los espinos,
bajo su mata de pelo
hice un hoyo sobre el limo.
Yo me quité la corbata.
Ella se quitó el vestido.
Yo el cinturón con revólver.
Ella sus cuatro corpiños.

Ni nardos ni caracolas
tienen el cutis tan fino,
ni los cristales con luna
relumbran con ese brillo.
Sus muslos se me escapaban
como peces sorprendidos,
la mitad llenos de lumbre,
la mitad llenos de frío.
Aquella noche corrí
el mejor de los caminos,
montado en potra de nácar
sin bridas y sin estribos.
No quiero decir, por hombre,
las cosas que ella me dijo.
La luz del entendimiento
me hace ser muy comedido.
Sucia de besos y arena,
yo me la llevé del río.
Con el aire se batían las
espadas de los lirios.

Me porté como quien soy.
Como un gitano legítimo.
Le regalé un costurero
grande de raso pajizo,
y no quise enamorarme
porque teniendo marido
me dijo que era mozuela
cuando la llevaba al río.

No puedo vivir contigo, ni sin ti.

Ovidio

MANUEL GONZÁLEZ PRADA

1844 - 1918
Perú

AMAR SIN SER QUERIDO

Un dolor jamás dormido,
una gloria nunca cierta,
una llaga siempre abierta,
es amar sin ser querido.

Corazón que siempre fuiste
bendecido y adorado,
tú no sabes, ¡ay!, lo triste
de querer no siendo amado.

A la puerta del olvido
llama en vano el pecho herido:
Muda y sorda está la puerta;
que una llaga siempre abierta
es amar sin ser querido.

El amor es ese delicioso delirio que podemos sentir,
que los pintores no son capaces de pintar ni las palabras de revelar,
y que ningún artificio conocido consigue ocultar.

THOMAS PAINE

JOSÉ MARTÍ
1853 - 1895
Cuba

Versos sencillos (1891)
IX

Quiero, a la sombra de un ala,
contar este cuento en flor:
la niña de Guatemala,
la que se murió de amor.

Eran de lirio los ramos,
y las orlas de reseda
y de jazmín; la enterramos
en una caja de seda.

...Ella dio al desmemoriado
una almohadilla de olor:
él volvió, volvió casado:
ella se murió de amor.

Iban cargándola en andas
obispos y embajadores:
detrás iba el pueblo en tandas,
todo cargado de flores.

...Ella, por volverlo a ver,
salió a verlo al mirador:
él volvió con su mujer:
ella se murió de amor.

Como de bronce candente
al beso de despedida,
era su frente ¡la frente
que más he amado en mi vida!

...Se entró de tarde en el río,
la sacó muerta el doctor;
dicen que murió de frío:
yo sé que murió de amor.

Allí, en la bóveda helada,
la pusieron en dos bancos:
besé su mano afilada,
besé sus zapatos blancos.

Callado, al oscurecer,
me llamó el enterrador;
¡nunca más he vuelto a ver
a la que murió de amor!

Mas dime −¿cómo ha sido?
¿Yo mi alma en mi pecho no tenía?
Ayer te he conocido,
y el alma que aquí tengo no es la mía.

*Hay amores tan bellos que justifican todas
las locuras que hacen cometer.*

PLUTARCO

RICARDO JAIMES FREYRE

1868 - 1933
Bolivia

LO FUGAZ

La rosa temblorosa
se desprendió del tallo,
y la arrastró la brisa
sobre las aguas turbias del pantano.

Una onda fugitiva
le abrió su seno amargo
y estrechando a la rosa temblorosa
la deshizo en sus brazos.

Flotaron sobre el agua
las hojas como miembros mutilados
y confundidas con el lodo negro
negras, aún más que el lodo, se tornaron,

pero en las noches puras y serenas
se sentía vagar en el espacio
un leve olor de rosa
sobre las aguas turbias del pantano.

El corazón que ama siempre es joven.

PROVERBIO GRIEGO

JULIO HERRERA Y REISSIG
1875 - 1910
Uruguay

AMOR SÁDICO

Ya no te amaba, sin dejar por eso
de amar la sombra de tu amor distante.
Ya no te amaba, y sin embargo el beso
de la repulsa nos unió un instante...

Agrio placer y bárbaro embeleso
crispó mi faz, me demudó el semblante.
Ya no te amaba, y me turbé, no obstante,
como una virgen en un bosque espeso.

Y ya perdida para siempre, al verte
anochecer en el eterno luto,
—mudo el amor, el corazón inerte–,

huraño, atroz, inexorable, hirsuto...
¡Jamás viví como en aquella muerte,
nunca te amé como en aquel minuto!

Nuestro corazón tiene la edad de aquello que ama.

MARCEL PROUST

JUAN RAMÓN JIMÉNEZ
1881 - 1959
España

EL DÍA BELLO

Y en todo desnuda tú.

He visto la aurora rosa
y la mañana celeste,
he visto la tarde verde
y he visto la noche azul.

Y en todo desnuda tú.

Desnuda en la noche azul,
desnuda en la tarde verde
y en la mañana celeste,
desnuda en la aurora rosa.

Y en todo desnuda tú.

169

Éramos dos y un solo corazón.

FRANÇOIS VILLON

SOR JUANA INÉS DE LA CRUZ
1646 - 1695
España

CONTIENE UNA FANTASÍA CONTENTA
CON AMOR DECENTE

Detente, sombra de mi bien esquivo,
imagen del hechizo que más quiero,
bella ilusión por quien alegre muero,
dulce ficción por quien penosa vivo.

Si al imán de tus gracias atractivo
sirve mi pecho de obediente acero,
¿para qué me enamoras lisonjero,
si has de burlarme luego fugitivo?

Mas blasonar no puedes satisfecho
de que triunfa de mí tu tiranía;
que aunque dejas burlado el lazo estrecho

que tu forma fantástica ceñía,
poco importa burlar brazos y pecho
si te labra prisión mi fantasía.

Sólo el que manda con amor es servido con fidelidad.

FRANCISCO DE QUEVEDO

JOSÉ SANTOS CHOCANO
1875 - 1934
Perú

NOCTURNO DE LA COPLA CALLEJERA

Fragmento

La primera mujer que amé en la vida,
al oír que la amaba, colérica me huyó;
la segunda mujer, sonrisas tuvo
para mí que antes tuvo para otros tal vez...
                              [y luego adiós

me dijo desde lo alto de un navío
en que de mí por siempre se alejó;
la tercera mujer no pudo nunca,
            desde su ostentación
        de estrella, percatarse
de mi apasionamiento de pastor;

una me dio una cita en cierta noche
en que, para burlarme, se murió;
otra me dijo con los ojos algo
que todavía descifrando estoy,
porque en ningunos ojos volví a hallar tal mirada,
con que piadosamente me ha de ver
                        [quizá hoy Dios...

Después... le tengo dicho:
he quemado mis naves como el conquistador
y me he entrado también a sangre y fuego
de un corazón a otro corazón;
        y en esta noche triste,
tengo un orgullo sabio, porque no he sido yo

amor primero de mujer ninguna,
pero el último sí: ¡seguro estoy!

Y, así, como amor último que he sido,
de más de una mujer, pienso en tu amor;
y pensando en la copla callejera,
le hago decir con todo mi orgullo indoespañol:

¡Pienso en aquél que te quiera
después de quererte yo!

Los que padecen porque aman, amen más todavía.
Morir de amor es vivir.

VÍCTOR HUGO

AMADO NERVO

1870 - 1919
México

IX
PERO TE AMO

Yo no sé nada de la vida,
yo no sé nada del destino,
yo no sé nada de la muerte,
¡pero te amo!

Según la buena lógica, tú eres luz extinguida;
mi devoción es loca, mi culto, desatino,
y hay una insensatez infinita en quererte,
¡pero te amo!

*El amor, la pasión, son las únicas locuras
que debemos ambicionar.*

SOUSAY

JUAN DE DIOS PEZA
1852 - 1910
México

ANOCHE SOÑANDO

Anoche soñando que tú me querías
vi a un ángel del cielo tranquilo bajar,
y luego juntaba tu mano a las mías
y yo te miraba y tú me decías:
"con todo mi pecho te voy a adorar".
¡Qué vas a adorarme!, mentira, mentira
yo soy la desgracia, sin luz y sin fe...
y entonces el ángel solloza, suspira...
y al irse hasta el cielo, sonriendo te mira,
y luego... llorando de amor desperté.

El amor es invisible, y entra y sale por
donde quiere, sin que nadie le pida cuenta de sus hechos.

MIGUEL DE CERVANTES

ADELARDO LÓPEZ DE AYALA

1829 - 1879
España

MIS DESEOS

Quisiera adivinarte los antojos,
y de súbito en ellos transformarme;
ser tu sueño, y callado apoderarme
de todos tus riquísimos despojos;

aire sutil que con tus labios rojos
tuvieras que beberme y respirarme;
quisiera ser tu alma, y asomarme
a las claras ventanas de tus ojos.

Quisiera ser la música que en calma
te adula el corazón: mas si constante
mi fe consigue la escondida palma,

ni aire sutil, ni sueño penetrante,
ni música de amor, ni ser tu alma,
nada es tan dulce como ser tu amante.

El primer amor es una pequeña locura y una gran curiosidad.

GEORGE BERNARD SHAW

ALFONSO REYES

1889 - 1959
México

GLOSA DE MI TIERRA

Fragmento

Amapolita morada
del valle donde nací:
si no estás enamorada,
enamórate de mí.

Cuando se habla de estar enamorado como un loco se exagera;
en general, se está enamorado como un tonto.

NOEL CLARASÓ

ALMAFUERTE
1854 - 1917
Argentina

LO QUE YO QUIERO

I

Quiero ser las dos niñas de tus ojos,
las metálicas cuerdas de tu voz,
el rubor de tu sien cuando meditas
y el origen tenaz de tu rubor.
Quiero ser esas manos invisibles
que manejan por sí la creación,
y formar con tus sueños y los míos
otro mundo mejor para los dos.
Eres tú, providencia de mi vida,
mi sostén, mi refugio, mi caudal;
cual si fueras mi madre, yo te amo...
¡y todavía más!

II

Tengo celos del sol porque te besa
con sus labios de luz y de calor...
¡del jazmín tropical y del jilguero
que decoran y alegran tu balcón!
Mando yo que ni el aire te sonría:
ni los astros, ni el ave, ni la flor,
ni la fe, ni el amor, ni la esperanza,
ni ninguno, ni nada más que yo.
Eres tú, soberana de mis noches,
mi constante, perpetuo cavilar:
ambiciono tu amor como la gloria...
¡y todavía más!

III

Yo no quiero que alguno te consuele
si me mata la fuerza de tu amor...
¡si me matan los besos insaciables,
fervorosos, ardientes que te doy!
Quiero yo que te invadan las tinieblas,
cuando ya para mí no salga el sol.
Quiero yo que defiendas mis despojos
del más breve ritual profanador.
Quiero yo que me llames y conjures
sobre labios y frente, y corazón.
Quiero yo que sucumbas o enloquezcas...
¡loca sí; muerta sí, te quiero yo!
Mi querida, mi bien, mi soberana,
mi refugio, mi sueño, mi caudal,
mi laurel, mi ambición, mi santa madre...
¡y todavía más!

Esta sociedad nos da facilidades para hacer el amor,
pero no para enamorarnos.

ANTONIO GALA

FRANCISCO A. DE ICAZA

1863 - 1925
México

RELIQUIA

En la calle silenciosa
resonaron mis pisadas;
al llegar frente a la reja
sentí abrirse la ventana...

¿Qué me dijo? ¿Lo sé acaso?
Hablamos con el alma...
como era la última cita,
la despedida fue larga.
Los besos y los sollozos
completaron las palabras
que de la boca salían
en frases entrecortadas.
"Rézale cuando estés triste",
dijo al darme una medalla,
"y no pienses que vas solo
si en tus penas te acompaña".

Le dije adiós muchas veces,
sin atreverme a dejarla,
y al fin, cerrando los ojos,
partí sin volver la cara.

No quiero verla, no quiero,
¡será tan triste encontrarla
con hijos que no son míos
durmiendo sobre su falda!

¿Quién del olvido es culpable?
Ni ella ni yo: la distancia...

¿Qué pensará de mis versos?
tal vez mucho, quizás nada.
No sabe que en mis tristezas,
frente a la imagen de plata,
invento unas oraciones,
que suplen las olvidadas.

¿Serán buenas? ¡Quién lo duda!
Son sinceras, y eso basta;
yo les rezo a mis recuerdos
y se alegra mi nostalgia,
frente a la tosca medalla.

Y se iluminan mis sombras,
y cruzan nubes de incienso
el santuario de mi alma.

Si juzgamos el amor por la mayor parte de sus defectos,
se parece más al odio que a la amistad.

FRANÇOIS DE LA ROCHEFOUCAULD

RAFAEL OBLIGADO
1851 - 1920
Argentina

HOJAS

¿Ves aquel sauce, bien mío,
que, en doliente languidez,
se inclina al cauce sombrío,
enamorado tal vez
de las espumas del río?

¿Oyes el roce constante
de su ramaje sediento,
y aquel suspiro incesante
que de su copa oscilante
arranca tímido el viento?

Mañana, cuando sus rojas
auroras pierda el estío,
lo verás, húmedo y frío,
ir arrojando sus hojas
sobre la espuma del río;

¡Y que ella, en rizos livianos
llevando la hoja caída,
las selvas cruza y los llanos...
para dejarla sin vida
en los recodos lejanos!

¡Ah! ¡cuán ingrata serías,
y cuán hondo mi dolor,
si estas hojas, que son mías,
abandonara, ya frías,
como la espuma, tu amor!

CÉSAR VALLEJO
1892 - 1938
Perú

POEMA A MI AMADA

Fragmento

Amada, esta noche tú te has sacrificado
sobre los dos maderos curvados de mi beso;
y tu pena me ha dicho que Jesús ha llorado,
y que hay un viernes santo más dulce que ese beso.

El amor auténtico se encuentra siempre hecho. En este amor un ser
queda adscrito de una vez para siempre y del todo a otro ser.
Es el amor que empieza con el amor.

JOSÉ ORTEGA Y GASSET

ÁNGEL GANIVET

1865 - 1898
España

AÚN, SI ME FUERAS FIEL

Aún, si me fueras fiel,
me quedas tú en el mundo, sombra amada.
Muere el amor, mas queda su perfume.
Voló el amor mentido,
más tú me lo recuerdas sin cesar...
La veo día y noche.
En mi espíritu alumbra
el encanto inefable
de su mirada de secretos llena.
Arde en mis secos labios
el beso de unos labios que me inflaman,
que me toca invisible,
y cerca de mi cuerpo hay otro cuerpo.
mis manos, amoroso,
extiendo para asirla
y matarla de amor entre mis brazos,
y el cuerpo veloz huye,
¡y sólo te hallo a ti, mujer de aire!

La medida del amor es amar sin medida.

SAN AGUSTÍN

DUQUE DE RIVAS (ÁNGEL DE SAAVEDRA)
1791 - 1865
España

OJOS DIVINOS

Ojos divinos, luz del alma mía,
por primera vez yo los vi enojados;
¡y antes viera los cielos desplomados,
o abierta ante mis pies la tierra fría!

Tener, ¡ay!, compasión de la agonía
en que están mis sentidos sepultados,
al verlos centellantes e indignados
mirarme, ardiendo con fiereza impía.

Perdonen si los agravié; perderlos
temí tal vez, y con mi ruego y llanto
más que obligarlos conseguí ofenderlos;

tengan, tengan piedad de mi quebranto,
que si tornan a fulminarme fieros
me hundirán en los reinos del espanto.

184

*Lo que hace que los amantes no se aburran nunca de estar juntos
es que se pasan el tiempo hablando siempre de sí mismos.*

FRANÇOIS DE LA ROCHEFOUCAULD

CARLOS GUIDO Y SPANO

1827 - 1918

Argentina

EN LOS GUINDOS

Tenía yo dieciocho años, y ella
apenas dieciséis; rubia, rosada.
No es por cierto más fresca la alborada
ni más viva una fúlgida centella.
Un día Adriana bella
conmigo fue al vergel buscando fruta,
y así como emprendimos nuestra ruta
absorto me fijé por vez primera:
¡cuán atractiva y cuán hermosa era!
llevaba un sombrerillo
de paja, festoneado, con adornos
de flores de canela y de tomillo:
y realzando sus mórbidos contornos
un corpiño ajustado,
saya corta, abultada, de distintas
labores, hacia el uno y otro lado
recogida con lazos de albas cintas.
Como nuestro paseo se alargaba,
le ofrecí el brazo, me arrobé al sentirla
¡que en él lánguidamente se apoyaba!
Confuso y sin saber yo qué decirle,
me desasí... Trepéme a un alto guindo,
desde cuyo ramaje de esmeralda
el bello fruto, ya en sazón, le brindo,
que ella con gracia recogió en la falda.
¡Oh delicioso instante!
¡Oh secretos de amor! ¿Cuál mi ventura?
¿Podré pintar, mi sangre llameante,
al ver desde la altura
su seno palpitante,

su voluptuosa y cándida hermosura?
¿Acaso Adriana adivinó en mis ojos
el fuego interno que en mi alma ardía?
¿Ésa la causa fue de sus sonrojos?
–"Aquella guinda alcanza", me decía,
"que está en la copa; agárrate a las ramas,
no vayas a caer." –"¿Y tú, si me amas,
qué me darás?" Bermeja cual las pomas
que madura el estío en las laderas,
contestó apercibiendo dos palomas
blancas, ebrias de amor: –"¡lo que tú quieras!"

El amor de dos personas que se aman no es casi nunca el mismo.
El amor-pasión tiene sus fases, durante las cuales, y sucesivamente,
uno de los dos ama más.

STENDHAL

FRANCISCO DE FIGUEROA
1530 - 1588
España

Obra intervenida
Proyecto Larsen

PERDIDO ANDO, SEÑORA, ENTRE LA GENTE...

Perdido ando, señora, entre la gente,
sin ti, sin mí, sin ser, sin Dios, sin vida:
sin ti, por no ser tú de mí servida;
sin mí, porque no estoy en ti presente;

sin ser, porque de ti estando ausente
no hay cosa que del ser no me despida;
sin Dios, porque mi alma a Dios olvida
por contemplarte a ti continuamente;

sin vida, porque ya que haya vivido,
cien mil veces mejor morir me fuera
que no un dolor tan grave y tan extraño.

¡Que preso yo por ti, y por ti herido,
y muerto yo por ti de esta manera,
estés tan descuidada de mi daño!

187

*Si en medio de las adversidades persevera el corazón con serenidad,
con gozo y con paz, esto es amor.*

SANTA TERESA DE JESÚS

VICENTE GIL
1465 - 1536
Portugal

Obra intervenida
Proyecto Larsen

MUY GRACIOSA ES LA DONCELLA...

Muy graciosa es la doncella,
¡cómo es bella y hermosa!

Dinos tú, el marinero
que en las naves vivías,
si la nave o la vela o la estrella
es tan bella.

Dinos tú, el caballero
que las armas vestías,
si el caballo o las armas o la guerra
es tan bella.

Dinos tú, el pastorcito
que el ganadito guardas,
si el ganado o los valles o la sierra
es tan bella.

188

El amor es la vida llena, igual que una copa de vino.

RABINDRANATH TAGORF

GUTIERRE DE CETINA

1520 - 1557
España

CUBRIR LOS BELLOS OJOS...

Cubrir los bellos ojos
con la mano que ya me tiene muerto,
cautela fue por cierto;
que así doblar pensaste mis enojos.

Pero de tal cautela
mucho mayor ha sido el bien que el daño,
que el resplandor extraño
del sol se puede ver mientras se cela.

Así que aunque pensaste
cubrir vuestra beldad, única, inmensa,
yo te perdono la ofensa,
pues, cubiertos, mejor verlos dejaste.

No existe otro remedio para el amor sino amar más.

HENRY DAVID THOREAUX

FRANCISCO DE LA TORRE

1534 - 1594
España

Obra intervenida
Proyecto Larsen

SONETO

23

La blanca nieve y la purpúrea rosa,
que no acaba de ser calor ni invierno,
el sol de aquellos ojos, puro, eterno,
donde el amor como en su ser reposa;

la belleza y la gracia milagrosa
que descubren del alma el bien interno,
la hermosura en donde yo discierno
que está oculta la más divina cosa;

los lazos de oro donde estoy atado,
el cielo puro donde tengo el mío,
la luz divina que me tiene ciego;

el sosiego que loco me ha tornado,
el fuego ardiente que me tiene frío,
chispa me han hecho de invisible fuego.

No es el perfecto sino el imperfecto, quien precisa de amor.

OSCAR WILDE

190

SALVADOR RUEDA

1857 - 1933
España

Coplas

3

Tiro un cristal contra el suelo
y se rompe en mil cristales,
quiero borrarte del pecho
y te miro en todas partes.

7

Aprovecha tus abriles
y ama al hombre que te quiera,
mira que el invierno es largo
y corta la primavera.

8

Para alcanzar las estrellas
ronda el cisne la laguna;
en el mar de los amores
yo soy cisne y tú eres luna.

9

A la luz de tu mirada
despido mis penas todas,
como a la luz de los astros
la hoja despide la sombra.

12

Cuando eche mi cuerpo flores
sólo una cosa te pido,
que las pongas en el pecho
donde no pude estar vivo.

17

Tengo los ojos rendidos
de tanto mirar tu cara,
si los cierro, no es que duermen,
es tan sólo que descansan.

18

Tus ojos son un delito
negro como las tinieblas,
y tienes para ocultarlo
bosque de pestañas negras.

Si has estado enamorado; sabes de qué se trata.
Es una sensación de deleite, no sólo con la persona
a quien amas sino con todas, contigo, con la vida.

GEORGE WEINBERG

GASPAR MELCHOR DE JOVELLANOS
1744 - 1811
España

SONETO PRIMERO

A Clori

Sentir de una pasión viva y ardiente
todo el afán, zozobra y agonía;
vivir sin premio un día y otro día;
dudar, sufrir, llorar eternamente;

amar a quien no ama, a quien no siente,
a quien no corresponde ni desvía;
persuadir a quien cree y desconfía;
rogar a quien otorga y se arrepiente;

luchar contra un poder justo y terrible;
temer más la desgracia que la muerte;
morir, en fin, de angustia y de tormento

víctima de un amor irresistible:
ésta es mi situación, ésta es mi suerte.
¿Y así tú quieres, cruel, que esté contento?

Vivimos en el mundo, cuando lo amamos.

RABINDRANATH TAGORE

BERNARDO DE BALBUENA

1562 - 1627

España

REMEDIOS DEL AMOR

Echa en el hombro la industriosa azada,
labra tu viña, planta tus parrales,
la fresca vid al álamo arrimada;

haz en tu huerto al agua sus canales,
con esto agotarás la de tus ojos,
quedando claros para ver tus males.

Ocúpate en arar nuevos rastrojos,
y escardando en el trigo las espinas
arrancarás del alma los abrojos.

Busca en las selvas entre flores finas
el cuidadoso enjambre, edificando
en secos troncos laboriosas minas.

En esto irá tu corazón cobrando
un alivio tan poco conocido
que aun sin él te pensarás penando.

Fíngete sano, ya me ha acontecido
fingir que duermo y, con estar despierto,
hallarme, sin saber cómo, dormido.

PABLO NERUDA

1904 - 1973
Chile

LA CARTA EN EL CAMINO

Adiós, pero conmigo
serás, irás adentro
de una gota de sangre que circule en mis venas
o fuera, beso que me abraza el rostro
o cinturón de fuego en mi cintura.
Dulce mía, recibe
el gran amor que salió de mi vida
y que en ti no encontraba territorio
como el explorador perdido
en las islas del pan y la miel.
Yo te encontré después
de la tormenta,
la lluvia lavó el aire
y en el agua
tus dulces pies brillaron como peces.

Adorada, me voy a mis combates.

Arañaré la tierra para hacerte una cueva
y allí tu Capitán
te esperará con flores en el lecho.
No pienses más, mi dulce,
en el tormento
que pasó entre nosotros
como un rayo de fósforo
dejándonos tal vez su quemadura.
La paz llegó también porque regreso
a luchar a mi tierra,
y como tengo el corazón completo

con la parte de sangre que me diste
para siempre,
y como
llevo
llenas de tu ser desnudo,
mírame,
mírame,
mírame por el mar, que voy radiante,
mírame por la noche que navego,
y mar y noche son los ojos tuyos.
No he salido de ti cuando me alejo.
Ahora voy a contarte:
mi tierra será tuya,
yo voy a conquistarla,
no sólo para dártela,
sino que para todos,
para todo mi pueblo.
Saldrá el ladrón de su torre algún día.
Y el invasor será expulsado.
Todos los frutos de la vida
crecerán en mis manos
acostumbrados antes a la pólvora.
Y sabré acariciar las nuevas flores
porque tú me enseñaste la ternura.
Dulce mía, adorada,
vendrás conmigo a luchar cuerpo a cuerpo
porque en mi corazón viven tus besos
como banderas rojas,
y si caigo, no sólo
me cubrirá la tierra,
sino este gran amor que me trajiste
y que vivió circulando en mi sangre.
Vendrás conmigo,
en esa hora te espero,
en esa hora y en todas las horas,
en todas las horas te espero.
Y cuando venga la tristeza que odio
a golpear a tu puerta,

dile que yo te espero
y cuando la soledad quiera que cambies
la sortija en que está mi nombre escrito,
dile a la soledad que hable conmigo,
que yo debí marcharme
porque soy un soldado,
y que allí donde estoy,
bajo la lluvia o bajo
el fuego,
amor mío, te espero.
Te espero en el desierto más duro
y junto al limonero florecido,
en todas las partes donde esté la vida,
donde la primavera esté naciendo,
amor mío, te espero.
Cuando te digan: "Ese hombre
no te quiere", recuerda
que mis pies están solos en esa noche, y buscan
los dulces y pequeños pies que adoro.
Amor, cuando te digan
que te olvidé, y aun cuando
sea yo quien lo dice,
cuando yo te lo diga,
no me creas,
quién y cómo podrían
cortarte de mi pecho
y quién recibiría
mi sangre
cuando hacia ti me fuera desangrando.
Pero tampoco puedo
olvidar a mi pueblo.
Voy a luchar en cada calle,
detrás de cada piedra.
Tu amor también me ayuda:
es una flor cerrada
que cada vez me llena con su aroma
y que se abre de pronto
dentro de mí como una gran estrella.

Amor mío, es de noche.

Es agua negra, el mundo
dormido, me rodean.
Vendrá luego la aurora,
y yo mientras tanto te escribo
para decirte: "Te amo".
Para decirte: "Te amo", cuida,
limpia, levanta,
defiende
nuestro amor, alma mía.
Yo te lo dejo como si dejara
un puñado de tierra con semillas.
De nuestro amor nacerán vidas.
En nuestro amor beberán agua.
Tal vez llegará un día
en que un hombre
y una mujer, iguales
a nosotros,
tocarán este amor y aún tendrá fuerza
para quemar las manos que lo toquen.
¿Quiénes fuimos? ¡Qué importa!
Tocarán este fuego
y el fuego, dulce mía, dirá tu simple nombre
y el mío, el nombre
que tú sola supiste porque tú sola
sobre la tierra sabes
quién soy, y porque nadie me conoció como una,
como una sola de tus manos,
porque nadie
supo cómo, ni cuándo
mi corazón estuvo ardiendo:
tan sólo
tus grandes ojos pardos lo supieron,
tu ancha boca,
tu piel, tus pechos,
tu vientre, tus entrañas
y el alma tuya que yo desperté

para que se quedara
cantando hasta el fin de la vida.

Amor, te espero.

Adiós, amor, te espero.

Adiós, amor, te espero.

Y así esta carta se termina
sin ninguna tristeza:
están firmes mis pies sobre la tierra,
mi mano escribe esta carta en el camino,
y en medio de la vida estaré
siempre
junto al amigo frente al enemigo,
con tu nombre en la boca
y un beso que jamás
se apartó de la tuya.

*Decir que uno puede amar a una persona por toda
una vida es como declarar que una vela puede mantenerse
prendida mientras dure su existencia.*

LEÓN TOLSTOI

ALEJANDRO CASONA

1903 - 1965
España

Y un día fue el amor

Fragmento

Y un día fue el amor;
se le entró pecho adentro
¡y se sintió florida!
Le nacieron dos senos
con pico de paloma,
con temblor de luceros,
como magnolias, blancos;
como panales, llenos.
¡Igual que dos milagros
pequeños!

La única fuerza y la única verdad que hay en esta vida es el amor.
El patriotismo no es más que amor, la amistad no es más que amor.

JOSÉ MARTÍ

MANUEL MAGALLANES MOURE
1878 - 1924
Chile

EL PASEO SOLITARIO

Fragmentos

Ya estoy solo, mi amor. Estar contigo
en esta soledad fuera mi anhelo;
solos ante el océano, al abrigo
de estas rocas y bajo este áureo cielo
que alegre ríe como un rostro amigo.

Tener sobre mi hombro reclinada
tu cabeza y posar en tus pupilas
mis ojos y beber la luz dorada
de tus pupilas verdes y tranquilas
que miran como un mar hecho mirada.

Tenerte aquí mientras el mar desflora
sus espumas jugando entre las peñas;
tenerte aquí, sobre esta erguida roca
y preguntarte suavemente: −¿sueñas?,
y unir después mi boca con tu boca.

(...)

Ya estoy solo, mi amor. El viento azota
las olas que en rebaños tumultuosos
atropelladas van. Un barco flota
y abre y cierra sus remos luminosos
en un blanco aleteo de gaviota.

Y prefiero estar solo, amada mía,
porque allá al lado tuyo está el tormento
de ver que en todo hay un mirar que espía,
de hallar en todo un escuchar atento
que oye cuanto mi boca te confía.

¡Sí! Prefiero estar lejos del encanto
que de tu ser divino se desprende
y recordar tu imagen que amo tanto
mientras resuena el mar y el cielo enciende
las luminosas flores de su manto.

(...)

Porque en la soledad amplia y desnuda
que me envuelve, mi boca se liberta
de la mordaza que la tiene muda
y con gran voz te llama y no despierta
ni un eco hostil mi voz ardiente y ruda.

Porque en la soledad te llamo y vienes
ya a mí te acercas llena de ternura
y me dejas besar tus blancas sienes
y el prodigio admirar de tu hermosura
sin que las ansias de mi amor refrenes.

Porque en la soledad con alegría,
vienes al lado mío y soy tu dueño;
porque en la soledad mi fantasía
realiza en ti su más soñado sueño
y en mis brazos te estrecho, ¡y eres mía!

*A las palabras de amor les sienta bien su poquito
de exageración...*

ANTONIO MACHADO

FRANCISCO VILLAESPESA
1877 - 1936
España

SONETILLO

EL POETA RECUERDA

Sus frases nunca me hirieron
y siempre me consolaron...
¡Heridas que otras me abrieron,
sus propias manos cerraron!

Aun cuando penaba tanto,
tan buena conmigo era,
que hasta me ocultaba el llanto
para que yo no sufriera.

Con su infinita ternura,
mi más intensa amargura
supo siempre consolar...

¡Y qué buena no sería,
que al morirse sonreía
para no verme llorar!

Amo como ama el amor. No conozco otra razón para amar
que amarte. ¿Qué quieres que te diga además de que te amo,
si lo que quiero decirte es que te amo?

FERNANDO PESSOA

CRISTÓBAL DE CASTILLEJO
1480 - 1550
España

SONETOS

1

Si las penas que das son verdaderas,
como bien lo sabe el alma mía,
¿por qué no me acaban?, y sería
sin ellas la muerte más de veras.

Y si por dicha son tan lisonjeras,
y quieren retozar con mi alegría,
dime, ¿por qué me matan cada día
de muerte de dolor de mil maneras?

Muéstrame este secreto ya, señora,
sepa yo por ti, pues por ti muero,
si lo que padezco es muerte o vida;

porque, siendo tú la matadora,
mayor gloria de pena ya no quiero
que poder mencionar tal homicida.

204

*En amor pueden ser más atrevidos los gestos que las palabras;
asustan menos.*

ANDRE MAUROIS

AMADO NERVO
1878 - 1919
México

III
EL QUE MÁS AMA

Si no te supe yo comprender,
si una lágrima te hice verter,
bien sé que al cabo perdonarás
con toda tu alma... ¡qué vas a hacer!
¡El que más ama perdona más!

Por tus besos vendería el porvenir.

RENÉ DE CHATEAUBRIAND

JUAN DE SALINAS

1559 - 1643
España

EL QUE YO QUERÍA

El que yo quería,
madre, no me quiere,
y por mí se muere
el que aborrecía.
Sin mi luz se guía,
no quiere otra alguna;
más me vale, madre,
ver la noche oscura.

Da tan atenuada
luz mi avara suerte,
que más quiero muerte
que noche cerrada;
pues viendo acabada
luz tan clara y pura,
más me vale, madre,
ver la noche oscura.

En los celos hay más amor propio que amor.

FRANÇOIS DE LA ROCHEFOUCAULD

JUAN DEL ENCINA

1469 - 1529
España

CANCIONES
5

Querría no desearte
y desear no quererte,
mas, si me aparto de verte,
tanto me apena dejarte
que me olvido de olvidarte.

Si pido compensación
en pago de mis servicios,
me das tú por beneficios
pena, dolor y pasión,
y también desolación.

Y no puedo desamarte
aunque me aparto de verte,
que si pienso en no quererte
tanto me apena dejarte
que me olvido de olvidarte.

207

*El amor, por etéreas e ideales que sean sus apariencias,
tiene su raíz en el instinto sexual.*

SCHOPENHAUER

JOSÉ MARÍA HINOJOSA
1904 - 1936
España

PASIÓN SIN LÍMITES

Vuela mi corazón
unido con los pájaros
y deja entre los árboles
un invisible rastro
de alegría y de sangre.

Las gotas de rocío
se helaron en las manos
abiertas y floridas
de los enamorados
perdidos en la brisa.

Vuela mi corazón,
mi corazón atado
con cadenas de estrellas
a la sombra de un árbol
atado con cadenas
y con cantos de pájaros.

*La decisión del primer beso es la más crucial en cualquier historia
de amor, porque contiene dentro de sí la rendición.*

JOSÉ ORTEGA Y GASSET

GUTIERRE DE CETINA

1520 - 1557

España

SONETO

23

Si jamás el morir se probó en vida,
yo triste soy el que lo pruebo y siento
con extraño dolor, pena y tormento,
en esta trabajosa mi partida.

Mi alma que en tu gesto está embebida,
mirándote se henchía de un contento
tal, que de ufano ya mi sufrimiento,
gloria le era la pena más crecida.

Pero cuando de ti me alejo tanto,
¿cuál consuelo será que me consuele,
que no sienta en partir la misma muerte,

si me muestra el temor visión de espanto,
que asombrándome hace que recele
de ti, de amor, del tiempo y de la suerte?

El amor es como el vino, y como el vino también,
a unos reconforta y a otros destroza.

STEFAN ZWEIG

JULIO FLÓREZ

1867 - 1923
Colombia

MARTA

Fragmentos

X

Era toda inocencia; ¡qué de asombro
me causaban sus raras candideces!
No esquivaba mis labios... ¡Cuántas veces
me adormecí sobre su frágil hombro!

Entonces como flor bajo un escombro,
entregábase a ignotas languideces,
y a Dios alzaba sus sentidas preces,
como las alzo yo... ¡cuando la nombro!

Una vez, bajo una alba esplendorosa
en que los horizontes dilatados
se impregnaban de azul, de oro y de rosa,

con ojos muy abiertos y admirados,
de repente exclamó: –dime una cosa...
¿por qué se ocultan los recién casados...?

XI

Ante aquella pregunta tan extraña,
me sonrojé... porque encontrar, al punto,
no pude una respuesta; y, cejijunto,
pensé: esta niña singular... ¿me engaña?

Sonreí solamente y con gran maña,
hablé de algo distinto... de otro asunto;
mas ella –¡dime ya lo que pregunto!
murmuró medio triste y medio huraña.

Entonces se aumentó mi desconcierto;
y sus mejillas cándidas e ilesas,
y su labio, jugoso y entreabierto,

besé... y ella agregó: –¿no me confiesas
la verdad?, ¿no será... (¡dime si acierto!)
para besarse... así... como me besas?

Cuando se está enamorado empieza uno por desilusionarse
a sí mismo, y acaba por desilusionar a la otra parte interesada.

OSCAR WILDE

JUAN BOSCÁN
1493 - 1542
España

CANCIÓN
4

Es tal y tan verdadera
mi pena por conocerte
que, si menos te quisiera,
yo quisiera no quererte.

Que un nuevo caso de amor
ordenas que en mí comience:
combatirme el desamor,
adonde el amor me vence.

No es mucho, pues tan entera
es mi pena en conocerte,
que, si menos te quisiera,
yo quisiera no quererte.

*Ama y haz lo que quieras. Si callas, callarás con amor; si gritas,
gritarás con amor; si corriges, corregirás con amor; si perdonas,
perdonarás con amor. Si tienes el amor arraigado en ti, ninguna
otra cosa sino amor serán tus frutos.*

SAN AGUSTÍN

LUIS GONZAGA URBINA
1868 - 1934
México

¡ALELUYA!

¡Aleluya, aleluya,
aleluya, alma mía!
Que en un himno concluya
mi doliente elegía:
ya me dijo: ¡soy tuya!
Ya le dije: ¡eres mía!
Y una voz encantada,
que de lejos venía,
me anunció la alborada,
me gritó: ¡ya es de día!

Todo es luz y tibieza
lo que fue sombra fría;
se apagó la tristeza,
se encendió la alegría.
Ya le dije: ¡eres mía!
Ya me dijo: ¡soy tuya!
–¡cuánto sol tiene el día!–
¡Aleluya, alma mía!

El amor es un combate entre el orgullo y la esperanza.

STENDHAL

MANUEL MARÍA FLORES
1840 - 1885
México

UN BESO NADA MÁS

Bésame con el beso de tu boca,
cariñosa mitad del alma mía:
un solo beso el corazón invoca,
que la dicha de dos... me mataría.

¡Un beso nada más!... Ya su perfume
en mi alma derramándose la embriaga,
y mi alma por tu beso se consume
y por mis labios impaciente vaga.

¡Júntese con la tuya!... Ya no puedo
lejos tenerla de tus labios rojos...
¡Pronto... dame tus labios!... ¡tengo miedo
de ver tan cerca tus divinos ojos!
Hay un cielo, mujer en tus abrazos,
siento de dicha el corazón opreso...
¡Oh! ¡sosténme en la vida de tus brazos
para que no me mates con tu beso!

Ama como puedas, ama a quien puedas, ama todo lo que puedas.
No te preocupes de la finalidad de tu amor.

AMADO NERVO

JUAN MELÉNDEZ VALDÉS
1754 - 1817
España

SONETO
EL DESPECHO

Los ojos tristes, de llorar cansados,
alzando al cielo, su clemencia imploro;
mas vuelven luego al encendido lloro,
que el grave peso no los sufre alzados.

Mil dolorosos ayes desdeñados
son, ¡ay!, tras esto de la luz que adoro;
y ni me alivia el día, ni mejoro
con la callada noche mis cuidados.

Huyo a la soledad, y va conmigo
oculto el mal, y nada me recrea;
en la ciudad en lágrimas me anego;

aborrezco mi ser, y aunque maldigo
la vida, temo que la muerte aun sea
remedio débil para tanto fuego.

Es muy difícil no ser injusto con lo que uno ama.

OSCAR WILDE

MARQUÉS DE SANTILLANA

1398 - 1458
España

Obra intervenida
Proyecto Larsen

CANCIÓN

Recuérdate de mi vida,
pues que viste
mi partir y despedida
ser tan triste.

1

Recuérdate que padezco,
padecí,
las penas que no merezco,
cuando vi.

la respuesta no debida
que me diste;
por lo cual mi despedida
fue tan triste.

2

No te preocupes, señora,
que por esto
ni fui ni he de ser ahora
menos presto;

que de llaga no fingida
tú me heriste;
de ahí que mi despedida
fue tan triste.

216

MIGUEL DE UNAMUNO

1864 - 1936
España

LA LUNA Y LA ROSA

En el silencio estrellado
la Luna daba a la rosa
y el aroma de la noche
le henchía –sedienta boca–
el paladar del espíritu,
que adurmiendo su congoja
se abría al cielo nocturno
de Dios y su Madre toda...

Toda cabellos tranquilos,
la Luna, tranquila y sola,
acariciaba a la Tierra
con sus cabellos de rosa
silvestre, blanca, escondida...
La Tierra, desde sus rocas,
exhalaba sus entrañas
fundidas de amor, su aroma...

Entre las zarzas, su nido,
era otra luna la rosa,
toda cabellos cuajados
en la cuna, su corola;
las cabelleras mejidas
de la Luna y de la rosa
y en el crisol de la noche
fundidas en una sola...

En el silencio estrellado
la Luna daba a la rosa
mientras la rosa se daba
a la Luna, quieta y sola.

JORGE MANRIQUE

1440 - 1479
España

Obra intervenida
Proyecto Larsen

ESCALA DE AMOR

Estando triste, seguro,
mi voluntad reposaba,
cuando escalaron el muro
en donde libre yo estaba:
a escala vista subieron
tu belleza y tu mesura,
y tan de recio me hirieron,
que vencieron mi cordura.

Luego todos mis sentidos
huyeron a lo más fuerte,
mas iban ya mal heridos
con sendas llagas de muerte;
y mi libertad quedó
en tu poder oprimida;
pero placer tuve yo
al saber que estaba viva.

Mis ojos fueron traidores,
ellos fueron complacientes,
y fueron provocadores
de que entrase aquella gente;
las altas torres tenían,
y nunca dijeron nada
de todo lo que veían,
ni aviso de la escalada.

Desde que hubieron entrado,
aquellos escaladores

me abrieron por el costado,
y allí entraron tus amores;
y mi firmeza tomaron,
y mi corazón prendieron,
y mis sentidos robaron,
y a mí sólo no quisieron.

(...)

¡Qué gran fechoría hicieron
mis ojos, y qué traición:
por una vez que te vieron,
venderte mi corazón!

Pues traición tan conocida
ya les complacía hacer,
vendieran mi triste vida
teniendo en ello placer;

por el mal que cometieron
no tienen ellos perdón
¡por una vez que te vieron
venderte mi corazón!

Amar no es solamente querer, es sobre todo comprender.

FRANÇOISE SAGAN

MIGUEL DE CERVANTES SAAVEDRA

1547 - 1616

España

SONETO
CUANDO PRECIOSA...

Cuando Preciosa el panderete toca
y hiere el dulce son los aires vanos,
perlas son que derrama con las manos;
flores son que despide de la boca.

Suspensa el alma, y la cordura loca,
queda a los dulces actos sobrehumanos,
que, de limpios, de honestos y de sanos,
su fama al cielo levantado toca.

Colgadas del menor de sus cabellos
mil almas lleva, y a sus plantas tiene
Amor rendidas una y otra flecha.

Ciega y alumbra con sus soles bellos,
su imperio Amor por ellos le mantiene,
y aún más grandezas de su ser sospecha.

*El deseo muere automáticamente cuando se logra; fenece al
satisfacerse. El amor, en cambio, es un eterno deseo insatisfecho.*

JOSÉ ORTEGA Y GASSET

NICOLÁS FERNÁNDEZ DE MORATÍN

1737 - 1780

España

ATREVIMIENTO AMOROSO

Amor, tú que me diste los osados
intentos y la mano dirigiste
y en el cándido seno la pusiste
de mi dama, en parajes no tocados;

si miras tantos rayos, fulminados
de sus divinos ojos contra un triste,
dame el alivio, pues el daño hiciste
o acaben ya mi vida y mis cuidados.

Apiádese mi bien; dile que muero
del intenso dolor que me atormenta;
que si es tímido amor, no es verdadero;

que no es la audacia en el cariño afrenta
ni merece castigo tan severo
un infeliz, que ser dichoso intenta.

El verdadero amor no se conoce por lo que exige,
sino por lo que ofrece.

JACINTO BENAVENTE

MANUEL JOSÉ OTHÓN

1856 - 1908
México

Y NO SABRÉ DECIRTE...

Irás por el camino gloriosamente quieta
glosando los perfumes y las cadencias todas,
y en torno de tus ojos lucirá la violeta
y en tu traje la nieve... así como en las bodas.

Te besarán las trenzas los hombros soberanos,
los hombros escultóricos de mármoles morenos,
y un beso de crepúsculo habrá sobre tus manos,
y una eclosión de rosas habrá sobre tus senos.

Tus labios milagrosos dirán romanzas nuevas
—asombro de los pájaros y amor de los caminos—
y el viento jovialmente dirá: ¿por qué te llevas
todo lo que de dulce conservo de los trinos?

La fiesta de los campos será, por ti, completa:
las voces del arroyo serán, por ti, de plata;
y el cielo habrá de darte su lírica paleta
bañándote en sus tintas como una catarata.

Y al ver cómo te nimbas de luz y palideces
vestida con el traje de gala de las flores;
y al ver tus verdes ojos, y al ver que resplandeces
bajo la insigne llama del sol de los amores;

y al dejo de fragancias que dejen tus aromas,
y al ver que recibirte me apresto en el sendero...
habrá sobre las almas un vuelo de palomas...
¡y no sabré decirte lo mucho que te quiero!

PEDRO CALDERÓN DE LA BARCA
1600 - 1681
España

ELEGÍAS

Fragmento

1

Sola esta vez quisiera,
bellísima señora, me escucharas,
no por ser la postrera
que he de cantar afectos suspendidos,
sino porque mi voz de ti confía
que esta vez se merezca a tus oídos
por lastimosa, ya que no por mía.

No canto liras hoy, endechas canto;
no celebro hermosuras,
porque hermosuras lloro;
quien tanto siente que se atreva a tanto,
si hay alas mal seguras
que deban a su vuelo esferas de oro
sin pagar a su vuelo ondas de llanto.

¡Ay, mi señora!, a cuánto
se dispuso el afecto enternecido,
mas si el afecto ha sido
dueño de tanto efecto,
enmudezca el dolor, hable el afecto;
si pudo enmudecer o si hablar pudo
retórico dolor y afecto mudo.

LUPERCIO LEONARDO DE ARGENSOLA

1559 - 1613
España

Obra intervenida
Proyecto Larsen

AL AMOR

Si quiere Amor que siga sus antojos
y a sus hierros de nuevo rinda el cuello;
que por ídolo adore un rostro bello
y que vistan su templo mis despojos,

la flaca luz renueve de mis ojos,
restituya a mi frente su cabello,
a mis labios la rosa y primer vello,
que ya pendiente y yerto es dos manojos.

Y entonces, con la piel ya renovada,
a la puerta de mi amante inclemente
resistiré a la lluvia y a los vientos.

Mas si no ha de volver la edad pasada
y todo con la edad es diferente,
¿por qué no lo han de ser mis pensamientos?

*La señal de que no amamos a alguien es que no le damos todo lo
mejor que hay en nosotros.*

PAUL CLAUDEL

RAMÓN DE CAMPOAMOR

1817 - 1901
España

EL BUSTO DE NIEVE

De amor tentado un caminante un día
con nieve un busto de mujer formaba,
y el cuerpo al busto con furor juntaba,
templando el fuego que en su pecho ardía.

Cuanto más con el busto el cuerpo unía,
más la nieve con fuego se mezclaba,
y de aquel hombre el corazón se helaba,
y el busto de mujer se deshacía.

En tus luchas ¡oh amor de quien reniego!
siempre se une el invierno y el estío,
y si uno ama sin fe, quiere otro ciego.

Así te pasa a ti, corazón mío,
que uniendo ella su nieve con tu fuego,
por matar de calor, mueres de frío.

*Esa necesidad de olvidar su yo en la carne extraña, es lo que
el hombre llama noblemente necesidad de amar.*

CHARLES BAUDELAIRE

MANUEL BRETÓN DE LOS HERREROS
1796 - 1873
España

LETRILLAS SATÍRICAS

Fragmento

Tanta es, niña, mi ternura,
que no reconoce igual.
Si tuvieras un caudal
comparable a la hermosura
de ese rostro que bendigo,
me casaría contigo.

Eres mi bien y mi norte,
graciosa y tierna Clarisa,
y a tener tú menos prisa
de llamarme tu consorte,
pongo al cielo por testigo,
me casaría contigo.

(...)

Si después de estar casados,
en lugar de rica hacienda,
no esperase la prebenda
de tres voraces cuñados
y una suegra por castigo,
me casaría contigo.

Si, conjurando la peste
que llorar a tantos veo,
virtudes que en ti no creo,
de cierto signo celeste
me pusieran al abrigo,
me casaría contigo.

ROSALÍA DE CASTRO
1837 - 1885
España

Selección de pequeños poemas

Ansia que ardiente crece,
vertiginoso vuelo
tras de algo que nos llama
con murmurar incierto,
sorpresas celestiales,
dichas que nos asombran;
así cuando buscamos lo escondido,
así comienzan del amor las horas.

•

¡No! No ha nacido para amar, sin duda,
ni tampoco ha nacido para odiar,
ya que el amor y el odio han lastimado
su corazón de una manera igual.

•

Como la dura roca
de algún arroyo solitario al pie,
inmóvil y olvidado anhelaría
ya vivir sin amar ni aborrecer.

•

—Te amo... ¿por qué me odias?
—Te odio... ¿por qué me amas?
Secreto es éste el más triste
y misterioso del alma.

•

Mas ello es verdad... ¡verdad
dura y atormentadora!
—Me odias, porque te amo;
te amo, porque me odias.

•

Son los corazones de algunas criaturas
como los caminos muy transitados,
donde las pisadas de los que ahora llegan,
borran las pisadas de los que pasaron:
no será posible que dejéis en ellos,
de vuestro cariño, recuerdo ni rastro.

El corazón humano es un instrumento de muchas cuerdas;
el perfecto conocedor de los hombres las sabe hacer vibrar todas,
como un buen músico.

CHARLES DICKENS

TOMÁS DE IRIARTE
1750-1791
España

LA PRIMAVERA

Ya alegra la campiña
la fresca primavera;
el bosque y la pradera
renuevan su verdor.
Con silbidos de ramas
los árboles vecinos
acompañan los trinos
del dulce ruiseñor.
Éste es el dulce tiempo,
el tiempo del amor.

Escucha cual susurra
el arroyuelo manso;
al sueño y al descanso
convida su rumor.
¡Qué amena está la orilla!
¡Qué clara la corriente!
¿Cuándo exhaló el ambiente
más delicioso olor?
Éste es el dulce tiempo,
el tiempo del amor.

Bulliciosa y temprana
alumbra ya la aurora;
el sol los campos dora
con otro resplandor.
Desnúdanse los montes
del duro y triste hielo,
y vístese ya el cielo

de variado color.
Éste es el dulce tiempo,
el tiempo del amor.

Las aves se enamoran,
los peces, los ganados,
y aun se aman enlazados
el árbol y la flor.
Naturaleza toda,
cobrando nueva vida,
aplaude la venida
del mes más bienhechor.
Éste es el dulce tiempo,
el tiempo del amor.

Durante la juventud creemos amar; pero sólo cuando hemos
envejecido en compañía de otro, conocemos la fuerza del amor.

HENRY BORDEAUX

TIRSO DE MOLINA
1584 - 1648
España

SONETO
4

Hace un año, cielos, que el amor me obliga
a la dicha mayor que darme pudo;
que, en fin, de puro dar, anda desnudo,
y por tener que dar, pide y mendiga.

Amada él me otorgó, y que la siga
en amoroso e indisoluble nudo;
mas con tal condición: que siendo mudo,
goce callando; ¡viose tal fatiga!

Callar y poseer sin competencia,
aunque el bien es mayor comunicado,
posible cosa es, pero terrible;

mas que tanto aquilaten la paciencia
que obliguen, si el honor anda acosado,
a que calle un celoso, es imposible.

(El pretendiente al revés, I, 9)

*El amor es una bellísima flor pero hay que tener el coraje de ir a
recogerla al borde del precipicio."*

STENDHAL

ANTONIO DE VILLEGAS
1522 - 1551
España

EN LA PEÑA

En la peña, sobre la peña,
duerme la niña y sueña.
La niña, que amor tenía,
de amores se transportaba,
con su amigo se soñaba,
soñaba, mas no dormía;
que la dama enamorada
y en la peña,
no duerme, si amores sueña.

El corazón se altera
con el sueño en que se vio;
si no vio lo que soñó,
soñó lo que ver quisiera;
hace representación
en la peña
de todo el sueño que sueña.

Sueños son que, Amor, envías
a los que traes desvelos,
pagas despiertos cuidados
con fingidas alegrías;
quien muere de hambre en los días,
las noches manjares sueña
sobre la peña.

DELMIRA AGUSTINI

1887 - 1914
Uruguay

ÍNTIMA

Fragmentos

Hoy abriré a tu alma el gran misterio:
ella es capaz de penetrar en mí.
En el silencio hay vértigos de abismos:
yo vacilaba, me sostengo en ti.

Muero de ensueños; beberé en tus fuentes
puras y frescas la verdad; yo sé
que está en el fondo magno de tu pecho
el manantial que vencerá mi sed.

Y sé que en nuestras vidas se produjo
el milagro inefable del reflejo...
En el silencio de la noche mi alma
llega a la tuya como un gran espejo.

(...)

¡Imagina! ¡Estrechar, vivo, radiante
el imposible! ¡La ilusión vivida!
Bendije a Dios, al sol, la flor, el aire
¡la vida toda porque tú eras vida!

Si con angustia yo compré esta dicha,
¡bendito el llanto que manchó mis ojos!

¡Todas las llagas del pasado ríen
al sol naciente por sus labios rojos!

233

¡Ah! tú sabrás mi amor; mas vamos lejos,
a través de la noche florecida;
acá lo humano asusta, acá se oye,
se ve, se siente sin cesar la vida.

Vamos más lejos en la noche, vamos
donde ni un eco repercuta en mí,
como una flor nocturna allá en la sombra
me abriré dulcemente para ti.

*El verdadero amor no se divide,
y ha de ser voluntario y no forzoso.*

MIGUEL DE CERVANTES

FEDERICO BERMÚDEZ Y ORTEGA
1884 - 1921
República Dominicana

EN SECRETO

Lo dice el dejo gris que asaz traduce
un quebranto de amor sobre tu ojera,
y tu enferma mirada que trasluce
la lejanía de tu azul quimera.

Tu espíritu exquisito está colmado
de un ensueño que es único en la vida,
que tiene la atracción de lo pasado
y la embriaguez de la ilusión perdida...

Lo dice el malestar con que sonríes,
el eco vago que en tu voz solloza,
y el hondo malestar en que deslíes
la esencia de tu ánima piadosa.

Lo dice la tristeza de tu piano
que ya no rima la canción sonora
y sufre la nostalgia de tu mano
que muere plena de tristeza ahora.

Lo dice hasta el jarrón de porcelana
que objeto siendo ayer de tus amores,
vegeta en el umbral de tu ventana
soñando la caricia de tus flores.

Lo dice tu actitud de pensativa...
florece en tu infinita lontananza
la vaga y cabalística esperanza
de una flor, un recuerdo, una misiva....

Una flor, un recuerdo, una misiva,
que hable de tu alma a la tristeza
de aquel instante azul en que cautiva
cayó la enamorada sensitiva
al reclamo de amor de una promesa...

*Cuando un alma encuentra su pareja en la tierra
hay fiesta en el cielo.*

ANÓNIMO

Obra intervenida
Proyecto Larsen

ROMANCE DE ROSAFRESCA

Rosafresca, Rosafresca,
tan hermosa y con amor,
cuando te tuve en mis brazos
no supe servirte, no,
y ahora que puedo servirte
no te puedo tener, no.
—Tuya fue la culpa, amigo,
tuya fue, pues mía no:
me enviaste aquella carta
con quien es tu servidor
el que en vez de suplicar
me habló de otra razón:
que eras casado, mi amigo,
allá en tierra de León,
que tienes mujer hermosa
e hijos como una flor.
—Quien te lo dijo, señora,
no te dijo verdad, no,
que yo nunca entré en Castilla
ni allá en tierras de León,
sino cuando era pequeño
y no sabía de amor.

Todo el que intenta salvar a otra persona con la mentira de un amor sin límite arroja una sombra en el rostro de Dios.

ARTHUR MILLER

GUSTAVO ADOLFO BÉCQUER

1836 - 1870
España

RIMA
38

Los suspiros son aire y van al aire.
Las lágrimas son agua y van al mar.
Dime, mujer, cuando el amor se olvida,
¿sabes tú adónde va?

*El amor en la literatura y en la vida ha dado ya todo
lo que tenía que dar. No es que hayamos suprimido el amor,
pero hemos suprimido los preliminares.*

JACINTO BENAVENTE

MIGUEL RAMOS CARRIÓN

1847 - 1915

España

EL SEMINARISTA DE LOS OJOS NEGROS

Desde la ventana de un casucho viejo
abierta en verano, cerrada en invierno
por vidrios verdosos y plomos espesos,
    una salmantina de rubio cabello
y ojos que parecen pedazos de cielo,
mientras la costura mezcla con el rezo,
ve todas las tardes pasar en silencio
los seminaristas que van de paseo.

Baja la cabeza, sin erguir el cuerpo,
marchan en dos filas pausados y austeros,
sin más nota alegre sobre el traje negro
    que la beca roja que ciñe su cuello,
y que por la espalda casi roza el suelo.

Un seminarista, entre todos ellos,
marcha siempre erguido, con aire resuelto.
    La negra sotana dibuja su cuerpo
gallardo y airoso, flexible y esbelto.
Él, solo a hurtadillas y con el recelo
de que sus miradas observen los clérigos,
desde que en la calle vislumbra a lo lejos
    a la salmantina de rubio cabello
la mira muy fijo, con mirar intenso.
Y siempre que pasa le deja el recuerdo
de aquella mirada de sus ojos negros.
Monótono y tardo va pasando el tiempo
    y muere el estío y el otoño luego,
y vienen las tardes plomizas de invierno.

Desde la ventana del casucho viejo
siempre sola y triste, rezando y cosiendo,
una salmantina de rubio cabello
ve todas las tardes pasar en silencio
los seminaristas que van de paseo.

Pero no ve a todos: ve sólo a uno de ellos,
su seminarista de los ojos negros;
cada vez que pasa gallardo y esbelto,
observa la niña que pide aquel cuerpo
marciales arreos.

Cuando en ella fija sus ojos abiertos
con vivas y audaces miradas de fuego,
parece decirle: ¡te quiero!, ¡te quiero!,
¡yo no he de ser cura, yo no puedo serlo!,
¡si yo no soy tuyo, me muero, me muero!
A la niña entonces se le oprime el pecho,
la labor suspende y olvida los rezos,
y ya vive sólo en su pensamiento
el seminarista de los ojos negros.

En una lluviosa mañana de inverno
la niña que alegre saltaba del lecho,
oyó tristes cánticos y fúnebres rezos;
por la angosta calle pasaba un entierro.

Un seminarista sin duda era el muerto;
pues cuatro llevaban en hombros el féretro,
con la beca roja por cima cubierto,
y sobre la beca, el bonete negro.
Con sus voces roncas cantaban los clérigos
los seminaristas iban en silencio
siempre en dos filas hacia el cementerio
como por las tardes al ir de paseo.

La niña angustiada miraba el cortejo
los conoce a todos a fuerza de verlos...

tan sólo, tan sólo faltaba entre ellos...
el seminarista de los ojos negros.
Corriendo los años, pasó mucho tiempo...
y allá en la ventana del casucho viejo,
una pobre anciana de blancos cabellos,
con la tez rugosa y encorvado el cuerpo,
mientras la costura mezcla con el rezo,
ve todas las tardes pasar en silencio
los seminaristas que van de paseo.

La labor suspende, los mira, y al verlos
sus ojos azules ya tristes y muertos
vierten silenciosas lágrimas de hielo.

Sola, vieja y triste, aún guarda el recuerdo
del seminarista de los ojos negros...

Cuando no se ama demasiado, no se ama lo suficiente.

BLAS PASCAL

SANTA TERESA DE JESÚS
1515 -1582
España

YA TODA ME ENTREGUÉ

Ya toda me entregué y di,
y de tal suerte he cambiado,
que mi Amado es para mí
y yo soy para mi Amado.
Cuando el dulce Cazador
me tiró y me dejó herida,
en los brazos del amor
mi alma quedó rendida;
y, cobrando nueva vida,
de tal manera he cambiado,
que mi Amado es para mí
y yo soy para mi Amado.
Me hirió Él con una flecha
que fue impregnada de amor,
y mi alma quedó hecha
una con su Creador;
ya yo no quiero otro amor,
pues a mi Dios me he entregado,
y mi Amado es para mí
y yo soy para mi Amado.

La mayor declaración de amor es la que no se hace;
el hombre que siente mucho, habla poco.

PLATÓN

JUAN MELÉNDEZ VALDÉS
1754 - 1817
España

ODA
XXVIII

De Dorila

Al prado fue por flores
la muchacha Dorila,
alegre como el mayo,
como las Gracias linda.

Volvió a casa llorando,
turbada y pensativa,
el trenzado sin orden
las colores perdidas.

Pregúntanle qué tiene,
y ella llora afligida;
háblanle no responde,
ríñenle no replica.

¿Pues qué mal será el suyo?
Las señales indican
que cuando fue por flores
perdió la que tenía.

JUAN DEL ENCINA

1469 - 1529
España

Obra intervenida
Proyecto Larsen

CANCIÓN
14

No quiero mostrar quererte
y así que tomes favor
para más envanecerte;
pero no temo perderte
por falta de fe ni amor.

Deseo siempre servirte,
procuro de no enojarte,
querría favor pedirte
y no quiero descubrirte
cuánto peno por amarte.

Que si doy a conocerte
mi tan deseoso dolor
será más envanecerte;
pero no temo perderte
por falta de fe ni amor.

244

El amor, para que sea auténtico, debe costarnos.

MADRE TERESA DE CALCUTA

MANUEL ACUÑA
1849 - 1873
México

UN SUEÑO

A Ch....

¿Quieres oír un sueño...?
Pues anoche
vi la brisa fugaz de la espesura
que al rozar con el broche
de un lirio que se alzaba en la pradera
grabó sobre él un "beso",
perdiéndose después rauda y ligera
de la enramada entre el follaje espeso.
Éste es mi sueño todo,
y si entenderlo quieres, niña bella,
une tus labios en los labios míos,
y sabrás quién es "él", y quién es "ella".

Ir sin amor por la vida es como ir al combate sin música,
como emprender un viaje sin un libro, como ir por el mar
sin estrella que nos oriente.

STENDHAL

JUAN DE SALINAS

1559 - 1643

España

ROMANCE EN ENDECHAS

La moza gallega
que está en la posada,
subiendo maletas
y dando cebada,

penosa se sienta
encima de un arca,
por ver ir un huésped
que tiene en el alma,

mocito espigado,
de trenza de plata,
que canta bonito
y tañe guitarra.

Con lágrimas vivas
que al suelo derrama,
con tristes suspiros,
con quejas amargas,

del pecho rabioso
descubre las ansias.
¡Mal haya quien fía
de gente que pasa!

Pensé que estuviera
dos meses de estancia,
y, cuando se fuera,
que allá me llevara.

Pensé que el amor
y fe que cantaba,
supiera rezarlo,
tenerlo y guardarla.

¡Pensé que eran ciertas
sus falsas palabras!
¡Mal haya quien fía
de gente que pasa!

Le di yo mi cuerpo,
mi cuerpo de grana,
para que sobre él
la mano probara

y jurara a medias,
perdiera o ganara.
¡Ay Dios!, si lo sabe,
¿qué dirá mi hermana?

Diría que soy
una perdularia,
pues di de mis prendas
la más estimada,

y él va tan alegre
y más que en la Pascua.
¡Mal haya quien fía
de gente que pasa!

¿Qué pude hacer más
que darle polainas
con encaje y puntas
de muy fina holanda;

cocerle su carne
y hacerle su salsa;

encenderle vela
de noche, si llama,

y, en dándole gusto,
soplar y matarla?
¡Mal haya quien fía
de gente que pasa!

En esto ya el huésped
la cuenta remata,
y, el pie en el estribo,
furioso cabalga,

y antes de partirse,
para consolarla,
de ella se despide
con estas palabras:

—Isabel, no llores;
no llores amores.
Si por dicha lloras
porque yo no lloro,

sabrás que mi lloro
no es a todas horas,
y, aunque eso te enoja,
otros hay peores.

Isabel, no llores;
no llores amores.

*Si no recuerdas la más ligera locura en que
el amor te hizo caer, no has amado.*

WILLIAM SHAKESPEARE

GERTRUDIS GÓMEZ DE AVELLANEDA

1814 - 1873
Cuba

LAS CONTRADICCIONES

No encuentro paz, ni me permiten guerra;
de fuego devorado, sufro el frío;
abrazo un mundo, y quedo ya vacío;
me lanzo al cielo, y préndeme la tierra.

Ni libre soy, ni la prisión me encierra;
veo sin luz, sin voz hablar ansío;
temo sin esperar, sin placer río;
nada me da valor, nada me aterra.

Busco el peligro cuando auxilio imploro;
al sentirme morir me encuentro fuerte;
valiente pienso ser, y débil lloro.

Cúmplese así mi extraordinaria suerte;
siempre a los pies de la beldad que adoro,
y no quiere mi vida ni mi muerte.

*Los hombres más capaces de pensar sobre el amor
son los que menos lo han vivido; y los que lo han vivido
suelen ser incapaces de meditar sobre él.*

JOSÉ ORTEGA Y GASSET

FRANCISCO DE MEDRANO

1570 - 1606

España

Obra intervenida
Proyecto Larsen

EL RUBÍ DE TU BOCA ME RINDIERA...

El rubí de tu boca me rindiera,
de no haberme tu bello pie rendido;
me hubieran tus manos ya prendido,
si preso tu cabello no me hubiera.

Los del cielo por arcos conociera
si tus ojos no hubiera conocido;
fuera tu pelo norte a mi sentido,
si la luz de tus ojos no lo fuera.

Así le gustó al cielo señalarte,
que no ya sólo al norte y arco bello
tus cejas venzan y ojos soberanos;

mas, queriendo a ti misma aventajarte,
tu pie la fuerza usurpa, y tu cabello
a tu boca, amada, y a tus manos.

250

*El amor es una fuente inagotable de reflexiones: profundas como la
eternidad, altas como el cielo y grandiosas como el universo.*

ALFRED VICTOR DE VIGNY

EVARISTO CARRIEGO

1883 - 1912
Argentina

FILTRO ROJO

Porque hasta mí llegaste silenciosa,
la ardiente exaltación de mi elocuencia
derrotó la glacial indiferencia
que mostrabas, altiva y desdeñosa.

Volviste a ser la de antes. Misteriosa,
como un rojo clavel tu confidencia
reventó en una amable delincuencia
con no sé qué pasión pecaminosa.

Claudicó gentilmente tu arrogancia,
y al beber el locuaz vino de Francia,
¡oh, las uvas doradas y fecundas!

Una aurora tiñó tu faz de armiño,
¡y hubo en la jaula azul de tu corpiño
un temblor de palomas moribundas!

El amor consiste en sentir que el ser sagrado late
dentro del ser querido.

PLATÓN

LUIS GONZAGA URBINA
1868 - 1934
México

HECHICERA

No sentí cuando entraste; estaba oscuro
en la penumbra de un ocaso lento,
el parque antiguo de mi pensamiento
que ciñe la tristeza, cual un muro.

Te vi llegar a mí como un conjuro,
como el prodigio de un encantamiento,
como la dulce aparición de un cuento:
blanca de nieve y blonda de oro puro.

Un hálito de abril sopló en mi otoño;
en cada fronda reventó un retoño;
en cada viejo nido, hubo canciones;

y, entre las sombras del jardín –errantes
luciérnagas– brillaron, como antes
de mi postrer dolor, las ilusiones.

*Espantoso juego el amor, en el cual es preciso que uno de ambos
jugadores pierda el gobierno de sí mismo.*

CHARLES BAUDELAIRE

RUBÉN DARÍO

1867 - 1916
Nicaragua

CANTOS DE VIDA Y ESPERANZA

Fragmento

(...)

En mi jardín se vio una estatua bella;
se juzgó mármol y era carne viva;
un alma joven habitaba en ella,
sentimental, sensible, sensitiva.

Y tímida ante el mundo, de manera
que, encerrada en silencio, no salía
sino cuando en la dulce primavera
era la hora de la melodía...

Hora de ocaso y de discreto beso;
hora crepuscular y de retiro;
hora de madrigal y de embeleso;
de "te adoro", de "ay" y de suspiro.

*Cuando el amor desenfrenado entra en el corazón, va royendo
todos los demás sentimientos; vive a expensas del honor, de la fe
y de la palabra dada.*

ALEJANDRO DUMAS

FRANCISCO DE ALDANA

1537 - 1578

España

SONETO

—¿Cuál es la causa, mi señor, que estando
en la lucha de amor juntos trabados
con lenguas, brazos, pies, y encadenados
cual vid que entre el jazmín se va enredando,

y que el vital aliento ambos tomando
en nuestros labios de chupar cansados,
en medio de tal bien somos forzados
llorar y suspirar de cuando en cuando?

—Amor, mi dama bella, que allá dentro
nuestras almas juntó, quiere en su fragua
los cuerpos enlazar también tan fuerte

que no pudiendo, como esponja el agua,
pasar del alma al dulce amado centro,
llora el velo mortal su avara suerte.

254

Por una mirada, un mundo; por una sonrisa, un cielo; por un beso...
yo no sé qué te diera por un beso.

GUSTAVO ADOLFO BÉCQUER

MARIO BENEDETTI
1920
Uruguay

CORAZÓN CORAZA

Porque te tengo y no
porque te pienso
porque la noche está de ojos abiertos
porque la noche pasa y digo amor
porque has venido a recoger tu imagen
y eres mejor que todas tus imágenes
porque eres linda desde el pie hasta el alma
porque eres buena desde el alma a mí
porque te escondes dulce en el orgullo
pequeña y dulce
corazón coraza

porque eres mía
porque no eres mía
porque te miro y muero
y peor que muero
si no te miro amor
si no te miro

porque tú siempre existes dondequiera
pero existes mejor donde te quiero
porque tu boca es sangre
y tienes frío
tengo que amarte amor
tengo que amarte
aunque esta herida duela como dos
aunque te busque y no te encuentre
y aunque
la noche pase y yo te tenga
y no.

FRANCISCO VILLAESPESA

1877 - 1936
España

BALADA DE AMOR

–Llaman a la puerta, madre. ¿Quién será?
–Es el viento, hija mía, que gime al pasar.
–No es el viento, madre. ¿No oyes suspirar?
–Es el viento que al paso deshoja un rosal.
–No es viento, madre. ¿No escuchas hablar?
  –El viento que agita las olas del mar.
  –No es el viento. ¿Oíste una voz gritar?
–El viento que al paso rompió algún cristal.
–Soy el amor –dicen–, que aquí quiere entrar...
–Duérmete, hija mía... es el viento no más.

Los que más han amado al hombre le han hecho siempre el máximo
daño. Han exigido de él lo imposible, como todos los amantes.

FEDERICO NIETZSCHE

ANTONIO DE SOLÍS Y RIVADENEIRA

1610 - 1686
España

A UNA DAMA

Que me tuviste amor has confesado
cuando ya me condenas a tu olvido;
no me matarás, no, de aborrecido,
me dejarás morir de enamorado.

Haber perdido el bien después de hallado,
es peor que no haberlo conseguido;
no es infeliz quien dicha no ha tenido,
sólo aquel que la pierde es desdichado.

¡Oh, nunca yo supiera que me amaste!
Pues juzga mi temor, o mi fineza,
que tu cambiar es culpa de mi dicha.

Bien reconozco yo que tú cambiaste;
pero no sé culpar a tu firmeza,
porque tengo más cerca a mi desdicha.

El amor tiene fácil la entrada y difícil la salida.

LOPE DE VEGA

MIGUEL HERNÁNDEZ
1910 - 1942
España

EL ÚLTIMO RINCÓN

Fragmentos

Carne de mi movimiento,
huesos de ritmos mortales:
me muero por respirar
sobre vuestros ademanes.

(...)

Tu pelo donde lo negro
ha sufrido las edades
de la negrura más firme,
y la más emocionante:
tu secular pelo negro
recorro hasta remontarme
a la negrura primera
de tus ojos y tus padres,
al rincón de pelo denso
donde relampagueaste.

Como un rincón solitario
allí el hombre brota y arde.

(...)

El naranjo sabe a vida
y el olivo a tiempo sabe.
Y entre el clamor de los dos
mis pasiones se debaten.

FRANCISCO DE FIGUEROA
1530 - 1588
España

Soneto

Déjame en paz, amor; ya te di el fruto
de mis más verdes y floridos años,
y mis ojos, proclives a tus daños,
pagaron bien tu desigual tributo.

No quiero ahora yo con rostro enjuto
sano y libre cantar mis desengaños,
ni por alegres y agradables paños
cambiar tu triste y lastimero luto:

en llanto y en dolor preso y cargado
de tus viejas cadenas, la jornada
quiero acabar de mi cansada vida.

Mas no me des, amor, nuevo cuidado,
ni pienses que podrá una nueva herida
romper la fe que nunca fue doblada.

*Los amores son como las setas, que no sabe uno si son venenosas
hasta que ya las ha comido y es demasiado tarde.*

TRISTAN BERNARD

PABLO NERUDA
1904 - 1973
Chile

SONETO
II

Amor, ¡cuántos caminos hasta llegar a un beso,
qué soledad errante hasta tu compañía!
Siguen los trenes solos rodando con la lluvia.
En Taltal no amanece aún la primavera.

Pero tú y yo, amor mío, estamos juntos,
juntos desde la ropa a las raíces,
juntos de otoño, de agua, de caderas,
hasta ser sólo tú, sólo yo juntos.

Pensar que costó tantas piedras que lleva el río,
la desembocadura del agua de Boroa,
pensar que separados por trenes y naciones

tú y yo teníamos que simplemente amarnos,
con todos confundidos, con hombres y mujeres,
con la tierra que implanta y educa los claveles.

Siempre ha ganado quien sabe amar, soportar y perdonar,
no el que mejor lo sabe todo y todo lo enjuicia.

HERMAN HESSE

FERNANDO DE HERRERA

1534 - 1597
España

SONETO

3

Pensé, mas fue engañoso pensamiento,
armar de duro hielo el pecho mío;
que así el fuego de amor al grave frío
no se desate en nuevo encendimiento.

Procuré no rendirme al mal que siento;
y fue todo mi esfuerzo un desvarío.
Perdí mi libertad, perdí mi brío;
cobré un perpetuo mal, cobré un tormento.

El fuego al hielo destempló en tal suerte,
que gastó su fuerza, quedó ardor hecho;
y es llama, es fuego, cuanto yo respiro.

Este incendio no puede darme muerte;
pues cuanto más de él estoy deshecho,
tanto más de su eterno afán respiro.

El amor es una comedia en la cual los actos son muy cortos
y los entreactos más largos: ¿cómo llenar los intermedios
sino mediante el ingenio?

NINON DE LENCLOS (ANNE)

SALVADOR RUEDA
1857 - 1933
España

COPLAS

21

Para formarle un collar
a tu pecho, dueño mío,
voy buscando por las ramas
los diamantes del rocío.

22

Fuera entre todas las cosas
por abrazarte temblando,
enredadera florida
de tu cuerpo de alabastro.

23

Rayito fuera de luna
para entrar por tu ventana,
subir después por tu lecho
y platearte la cara.

25

Dos velas tengo encendidas
en el altar de mi alma,
y en él adoro a una virgen
que tiene tu misma cara.

27

Creyendo darlo en tu boca
he dado en el aire un beso,
y el beso ha culebreado
como una chispa de fuego.

28

Divididas en manojos
están tus negras pestañas,
y cuando la luz las besa
no he visto sombras más largas.

29

Si quieres darme la muerte
tira donde más te agrade,
pero no en el corazón
porque allí llevo tu imagen.

Amor: una serpiente con dos cabezas que se vigilan sin cesar.

ELÍAS CANETTI

AQUEL OLOR...

Era un´amicizia "di terra lontana"
GABRIELE D'ANNUNZIO

¿En qué cuento te leí?
¿En qué sueño te soñé?
¿En qué planeta te vi
antes de mirarte aquí?
¡Ah! ¡No lo sé... no lo sé!

264

Pero brotó nuestro amor
con un antiguo fervor,
y hubo, al tendernos la mano,
cierta emoción anterior,
venido de lo lejano.
Tenía nuestra amistad
desde el comienzo un cariz
de otro sitio, de otra edad,
y una familiaridad
de indefinible matiz...

Explique alguien (si lo osa)
el hecho, y por qué, además,
de tus caricias de diosa
me queda una misteriosa
esencia sutil de rosa
que viene de un siglo atrás.

ADELARDO LÓPEZ DE AYALA

1828 - 1879

España

LA CITA

¡Es ella..! Amor sus pasos encamina...
Siento el blando rumor de su vestido...
Cual cielo por el rayo dividido,
mi espíritu de pronto se ilumina.
Mil ansias, con la dicha repentina,
se agitan en mi pecho conmovido,
cual bullen los polluelos en el nido
cuando la tierna madre se avecina.
¡Mi bien! ¡Mi amor! ¡Por la encendida y clara
mirada de tus ojos, con anhelo
penetra el alma, de tu ser avara...!
¡Ay!, ¡ni el ángel caído más consuelo
pudiera disfrutar, si penetrara
segunda vez en la región del cielo!

*El amor es la historia de la vida de las mujeres y un episodio
en la de los hombres.*

GERMAINE DE STAËL

JUAN DE TASSIS Y PERALTA
CONDE DE VILLAMEDIANA
1582 - 1622
España

A UN RETRATO

Ofensas son, señora, las que veo,
hechas a vuestras grandes perfecciones,
porque donde acredita sus pasiones
sólo amor las escribe y yo las leo.

Vencido queda el arte del deseo,
los imposibles dando por razones,
y en esta fe tan libre de opiniones
fundo lo que de vos no alcanzo y creo.

Si en lo menos se pierde más el tino,
en lo más, ¿qué será de aquel traslado
que procura sacar el arte en vano? ·

Sólo yo tengo aquel tan peregrino
en que el original no está agraviado,
hecho en mi corazón por vuestra mano.

El amor, tal como se practica hoy en la sociedad, no es más que un
intercambio de dos fantasías y el contacto de dos epidermis.

CHAMFORT

OCTAVIO PAZ

1914 - 1998
México

MÁS ALLÁ DEL AMOR

Fragmento

Tiéndete aquí a la orilla de tanta espuma,
de tanta vida que se ignora y se entrega:
tú también perteneces a la noche.
Extiéndete, blancura que respira,
late, oh estrella repartida, copa,
pan que inclinas la balanza del lado de la aurora,
pausa de sangre entre este tiempo
                    [y otro sin medida.

Si ésta es tu forma de amar, te ruego que me odies.

MOLIÈRE

MIGUEL DE UNAMUNO
1864 - 1936
España

NOCHE DE LUNA LLENA

Noche blanca en que el agua cristalina
duerme queda en su lecho de laguna
sobre la cual redonda llena luna
que ejército de estrellas encamina

vela, y se espeja una redonda encina
en el espejo sin rizada alguna;
noche blanca en que el agua hace de cuna
de la más alta y más honda doctrina.

Es un rasgón del cielo que abrazado
tiene en sus brazos la Naturaleza;
es un rasgón del cielo que ha posado

y en el silencio de la noche reza
la oración del amante resignado
sólo al amor, que es su única riqueza.

*Cuando la edad enfría la sangre y los placeres son cosa del pasado,
el recuerdo más querido sigue siendo el último, y nuestra evocación
más dulce, la del primer beso.*

LORD BYRON

JULIO HERRERA Y REISSIG

1875 - 1910
Uruguay

LA FUGA

Temblábamos al par... En el austero
desorden que realzaba tu hermosura,
acentuó tu peinado su negrura
inquietante de pájaro agorero...

¡Nadie en tus ojos vio el enigma, empero
calló hasta el mar en su presencia oscura!
Inaccesible y ebria de aventura,
entre mis brazos te besó el lucero.

Apenas subrayó el esquife vago
su escuálida silueta sobre el lago,
te sublimaron trágicos sonrojos...

Sacramentó dos lágrimas postreras
mi beso al consagrar sobre tus ojos.
¡Y se durmió la tarde en tus ojeras!...

Con frecuencia el amor, comercio borrascoso,
acaba en bancarrota.

CHAMFORT

RAFAEL ALBERTI

1902 - 1999
España

RETORNOS DEL AMOR EN LA NOCHE TRISTE

Fragmento

Bésame, amor, en esta noche triste.
Te diré las palabras que mis labios,
de tanto amor, mi amor, no se atrevieron.
Amor mío, amor mío, es tu cabeza
de oro tendido junto a mí, su ardiente
bosque largo de otoño quien me escucha.
Óyeme, que te llamo. Vida mía,
sí, vida mía, vida mía sola.

¡Qué triste es amarlo todo sin saber lo que se ama!

JUAN RAMÓN JIMÉNEZ

VICENTE ALEIXANDRE

1898 - 1984
España

MANO ENTREGADA

Fragmento

Es por la piel secreta, secretamente abierta,
                    [invisiblemente entreabierta,
por donde el calor tibio propaga su voz,
                    [su afán dulce;
por donde mi voz penetra hasta tus venas tibias,
para rodar por ellas en tu escondida sangre,
como otra sangre que sonara oscura,
                    [que dulcemente oscura te besara
por dentro, recorriendo despacio como sonido puro
ese cuerpo, que ahora resuena mío, mío poblado
                    [de mis voces profundas,
oh resonado cuerpo de mi amor,
        [oh poseído cuerpo, oh cuerpo sólo sonido de
                    [mi voz poseyéndole.

*Hay quien tiene el deseo de amar,
pero no la capacidad de amar.*

GIOVANNI PAPINI

JORGE LUIS BORGES

1899 - 1986
Argentina

AMOROSA ANTICIPACIÓN

Fragmento

Ni la intimidad de tu frente clara como una fiesta
ni la costumbre de tu cuerpo, aún misterioso
[y tácito y de niña,
ni la sucesión de tu vida asumiendo palabras o
[silencios
serán favor tan misterioso
como mirar tu sueño implicado
en la vigilia de mis brazos.

Sólo se ama lo que no se posee totalmente.

MARCEL PROUST

LUIS CARRILLO Y SOTOMAYOR

1585 - 1610

España

PIDIÉNDOLE PIEDAD AL AMOR

Amor, déjame, Amor; queden perdidos
tantos días en ti, por ti gastados;
queden, queden suspiros empleados,
bienes, Amor, por tuyos, ya queridos.

Mis ojos ya los dejo consumidos
y en sus lágrimas propias anegados;
mis sentidos, ¡oh Amor!, de ti usurpados
queden por tus injurias más sentidos.

Deja que sólo el pecho, cual rendido,
desnudo salga de tu esquivo fuego;
perdido quede, Amor, ya lo perdido:

¡Te mueva –no podrá– Amor cruel, mi ruego!
Más yo sé que te hubiera enternecido
si me vieras, Amor; mas eres ciego.

*La verdad es que amamos la vida, no porque estemos acostumbrados
a ella, sino porque estamos acostumbrados al amor.*

CULLEN HIGHTOWER

JUAN DEL ENCINA
1469 - 1529
España

CANCIÓN
12

Desde que triste partí
sin verte yo a la partida,
se partió luego mi vida
adonde ya no la vi.

Partió mi vida al partir
con una pasión tan fuerte
que aunque venga ya la muerte
será dulce de sufrir.

Si sentís lo que sentí
sentirás en mi partida
que partió luego mi vida
adonde ya no la vi.

El amor jamás reclama; da siempre. El amor tolera,
jamás se irrita, nunca se venga.

MAHATMA GANDHI

JOSÉ MARÍA HINOJOSA
1904 - 1936
España

NUESTRO AMOR EN EL ARCO IRIS

Nuestros cabellos flotan en la curva del aire
y en la curva del agua flota un barco pirata
que lleva en su cubierta entre cercos de brea
tus miradas de ámbar y el ámbar de tus manos.

Nuestros cabellos flotan en aire enrojecido
mientras su cuerpo pende hecha color su carne
de los siete colores tendidos en un arco
sobre el cielo de hule herido por sus ojos.

¿Por qué siempre rehúyes el encerrar tu carne
en mi carne cuajada de flores y de heridas
abiertas con puñales en madrugadas blancas
llegadas del desierto entre nubes de polvo?

Nuestros cabellos flotan en la curva del aire
envueltos entre ráfagas de crímenes violentos
y manos inocentes quieren lavar la sangre
derramada en la tierra por el primer amor.

Nadie tiene dominio sobre el amor, pero el amor
domina todas las cosas.

JEAN DE LA FONTAINE

MANUEL GUTIÉRREZ NÁJERA

1859 - 1895
México

RESUCITARÁN

12

Los pájaros que en sus nidos
mueren, ¿a dónde van?
¿Y en qué lugar escondidos
están, muertos o dormidos,
los besos que no se dan?

(...)

En vano con raudo giro
éste a mis labios llegó.
Si lejos los tuyos miro...
¿sabes lo que es un suspiro?
¡Un beso que no se dio!

(...)

¿Qué son las bocas? Son nidos.
¿Y los besos? ¡Aves locas!
Por eso, apenas nacidos,
de sus nidos aburridos
salen buscando otras bocas.

*Purifica tu corazón antes de permitir que el amor se asiente en él,
ya que la miel más dulce se agria en un vaso sucio.*

PITÁGORAS

HERNANDO DE ACUÑA

1518 - 1580
España

SONETO

X

Vivir, señora, quien te vio, sin verte,
no es por virtud ni fuerza de la vida,
la que, por partir de ti, fuera perdida,
si el dejarte de ver fuese perderte;

mas de tanto valor es el quererte,
que, teniendo a tu alma en sí esculpida,
de su vista y memoria, que no olvida,
ninguna novedad basta a moverte.

Así, aunque esté lejos ya de tu presencia,
tú estarás sola en mí siempre presente
y no me faltarás a hora ninguna,

sin que puedan tenerme un punto ausente
el áspero desdén, la cruda ausencia,
nueva llaga de amor, tiempo o fortuna.

El amor es como el fuego, que si no se comunica se apaga.

GIOVANNI PAPINI

ALMAFUERTE
1854 - 1917
Argentina

PASIÓN

I
Tú tienes, para mí, todo lo bello
que cielo, tierra y corazón abarcan;
la atracción estelar ¡de esas estrellas
que atraen como tus lágrimas!

II
La sinfonía sacra de los seres,
los vientos, los bosques y las aguas,
en el lenguaje mudo de tus ojos
que, mirándome, hablan.

III
Los atrevidos rasgos de las cumbres
que la celeste inmensidad asaltan,
en las gentiles curvas de tu seno...
¡oh, colina sagrada!

IV
Y el desdeñoso arrastre de las olas
sobre los verdes juncos y las algas,
en el raudo vagar de tu memoria
por mi vida de paria.

V
Yo tengo, para ti, todo lo noble
que cielo, tierra y corazón abarcan;
el calor de los soles, ¡de los soles
que, como yo, te aman!

VI

El gemido profundo de las ondas
que mueren a tus pies sobre la playa,
en el tapiz purpúreo de mi espíritu
abatido a tus plantas.

VII

La castidad celeste de los besos
de tu madre bendita, en la mañana,
en la caricia augusta con que tierna
te circunda mi alma.

VIII

¡Tú tienes para mí todo lo bello;
yo tengo para ti todo lo que ama;
tú, para mí, la luz que resplandece,
yo, para ti, sus llamas!

El que no ama siempre tiene razón: es lo único que tiene.

ANTONIO GALA

GUSTAVO ADOLFO BÉCQUER
1836 - 1870
España

RIMA
IV

No digáis que, agotado su tesoro,
de asuntos falta, enmudeció la lira;
podrá no haber poetas; pero siempre
habrá poesía.

Mientras las ondas de la luz al beso
palpiten encendidas,
mientras el sol las desgarradas nubes
de fuego y oro vista,
mientras el aire en su regazo lleve
perfumes y armonías,
mientras haya en el mundo primavera,
¡habrá poesía!

Mientras la ciencia a descubrir no alcance
las fuentes de la vida,
y en el mar o en el cielo haya un abismo
que al cálculo resista,
mientras la humanidad siempre avanzando
no sepa a dó camina,
mientras haya un misterio para el hombre,
¡habrá poesía!

Mientras se sienta que se ríe el alma,
sin que los labios rían;
mientras se llore, sin que el llanto acuda
a nublar la pupila;
mientras el corazón y la cabeza

batallando prosigan,
mientras haya esperanzas y recuerdos,
¡habrá poesía!

Mientras haya unos ojos que reflejen
los ojos que los miran,
mientras responda el labio suspirando
al labio que suspira,
mientras sentirse puedan en un beso
dos almas confundidas,
mientras exista una mujer hermosa,
¡habrá poesía!

Amar y perdonar es toda la vida.

JACINTO BENAVENTE

LOPE DE VEGA
1562 - 1635
España

Fragmento de un poema dedicado a Marta de Nevares,
el último gran amor de Lope, al morir ella en 1628.

RESUELTA EN POLVO YA, Y SIEMPRE HERMOSA...

Resuelta en polvo ya, y siempre hermosa,
sin dejarme vivir, vive serena
aquella luz, que fue mi gloria y pena,
y me hace guerra cuando en paz reposa.
Permítanme callar sólo un momento,
pues ya no tienen lágrimas mis ojos,
ni conceptos de amor mi pensamiento.

He leído en alguna parte que para amarse hay que tener principios
semejantes, con gustos opuestos.

GEORGE SAND

LUIS CERNUDA

1902 - 1963
España

UN HOMBRE CON SU AMOR

Fragmento

Tú y mi amor, mientras miro
dormir tu cuerpo cuando
amanece. Así mira
un dios lo que ha creado.

Mas mi amor nada puede
sin que tu cuerpo acceda:
él sólo informa un mito
en tu hermosa materia.

Es duro, es doloroso, no ser amado cuando se ama todavía,
pero es bastante más duro ser todavía amado cuando ya no se ama.

GEORGES COURTELINE

¿CONOCE ALGUIEN EL AMOR?

¿Conoce alguien el amor?
¡El amor es un sueño sin fin!
Es como un lánguido sopor
entre las flores de un jardín...
¿Conoce alguien el amor?

Es un anhelo misterioso
que al labio hace suspirar,
torna al cobarde en valeroso
y al más valiente hace temblar;

es un perfume embriagador
que deja pálida la faz;
es la palmera de la paz
en los desiertos del dolor...
¿Conoce alguien el amor?

Es una senda florecida,
es un licor que hace olvidar
todas las glorias de la vida,
menos la gloria del amar...

Es paz en medio de la guerra.
Fundirse en uno siendo dos...
¡La única dicha que en la tierra
a los creyentes les da Dios!

Quedarse inmóvil y cerrar
los ojos para mejor ver;
y bajo un beso adormecer...
y bajo un beso despertar...

Es un fulgor que hace cegar.
¡Es como un huerto todo en flor
que nos convida a reposar!
¿Conoce alguien el amor?
¡Todos conocen el amor!

El amor es como un jardín
envenenado de dolor...,
donde el dolor no tiene fin.
¡Todos conocen el amor!

Es como un áspid venenoso
que siempre sabe emponzoñar
al noble pecho generoso
donde le quieran alentar.

Al más leal traidor,
es la ceguera del abismo
y la ilusión del espejismo...
en los desiertos del dolor.
¡Todos conocen el amor!

¡Es laberinto sin salida
es una ola de pesar
que nos arroja de la vida
como los náufragos del mar!

Provocación de toda guerra...
sufrir en uno las de dos...
¡La mayor pena que en la tierra
a los creyentes les da Dios!

Es un perpetuo agonizar,
un alarido, un estertor,
que hace al más santo blasfemar...
¡Todos conocen el amor!

ADELARDO LÓPEZ DE AYALA

1829 - 1879
España

A UNOS PIES

Me parecen tus pies, cuando diviso
que la falda traspasan y bordean,
dos niños que traviesos juguetean
en el mismo dintel del Paraíso.

Quiso el amor y mi fortuna quiso
que ellos el fiel de mi esperanza sean;
si aparecen, de pronto me recrean;
cuando se van, me afligen de improviso.

¡Oh, pies idolatrados; yo os imploro!
Y pues sabéis mover todo el palacio
por quien el alma enamorada gime,

traed a mi regazo mi tesoro
y yo os aliviaré por largo espacio
del dulcísimo peso que os oprime.

El amor de los jóvenes no está en el corazón, sino en los ojos.

WILLIAM SHAKESPEARE

JORGE MANRIQUE

1440 - 1479

España

ESPARZAS

1

Yo callé males sufriendo,
y sufrí penas callando;
padecí no mereciendo,
y merecí padeciendo
los bienes que no demando:
si el esfuerzo que he tenido
para callar y sufrir,
tuviera para decir,
no sintiera mi vivir
los dolores que ha sentido.

2

Pensando, señora, en ti,
vi en el cielo una cometa:
es señal de Dios a mí:
que pierda miedo y cometa
el declarar el deseo
que mi voluntad desea,
porque jamás no me vea
vencido como me veo
en esta fuerte pelea
que yo conmigo peleo.

3

Callé por mucho temor;
temo por mucho callar,

que la vida perderé;
así con tan gran amor
no puedo, triste, pensar
qué remedio me daré.
Porque alguna vez hablé,
me encuentro de ello tan mal,
que, sin duda, más valiera
callar, mas también callé
y pené tan desigual,
que, más callando, muriera.

El amor y la tos no pueden ocultarse.

PROVERBIO ITALIANO

JOSÉ HERNÁNDEZ
1834 - 1886
Argentina

MARTÍN FIERRO

Fragmento

Yo no tengo en el amor
quien me venga con querellas;
como esas aves tan bellas
que saltan de rama en rama,
yo hago en el trébol mi cama,
y me cubren las estrellas.

La perfección del amor es morir por amor.

DENIS DE ROUGEMONT

ANDRÉS BELLO

1781 - 1865
Chile

EL VINO Y EL AMOR

Fragmento

–Sola ahora
por la calle
se pasea
de los sauces,
y las sombras
de la tarde
van cundiendo
por el valle.
Y la sigue
cierto amante
que maquina
desbancarte.

*Hay amor propio en el amor como hay interés
personal en la amistad.*

GEORGE SAND

FRAY LUIS DE LEÓN
1527 - 1591
España

(Soneto atribuido al poeta)

AMOR CASI DE UN VUELO ME HA ENCUMBRADO

Amor casi de un vuelo me ha encumbrado
adonde no llegó ni el pensamiento;
mas toda esta grandeza de contento
me turba, y entristece este cuidado,

que temo que no venga derrocado
al suelo por faltarle fundamento;
que lo que en breve sube en alto asiento,
suele desfallecer apresurado.

mas luego me consuela y asegura
el ver que soy, señora ilustre, obra
de vuestra sola gracia, y que en vos fío:

porque conservaréis vuestra hechura,
mis faltas supliréis con vuestra sobra,
y vuestro bien hará durable el mío.

FRANCISCO DE FIGUEROA

1530 - 1588
España

PARTIENDO DE LA LUZ, DONDE SOLÍA...

Partiendo de la luz, donde solía
venir su luz, mis ojos me han cegado;
perdió también el corazón postrado
el precioso manjar de que vivía.

El alma desechó la compañía
del cuerpo, y fue detrás del rostro amado;
así en mi triste ausencia he siempre estado
ciego y con hambre y sin el alma mía.

Ahora que al lugar, que el pensamiento
nunca dejó, mis pasos presurosos
después de mil trabajos me han traído,

cobraron luz mis ojos tenebrosos
y su pastura el corazón hambriento,
pero no tornará el alma a su nido.

Dicen que el hombre no es hombre mientras no oye su nombre
de labios de una mujer.

ANTONIO MACHADO

MARIO BENEDETTI

1920
Uruguay

AMOR DE TARDE

Es una lástima que no estés conmigo
cuando miro el reloj y son las cuatro
y acabo la planilla y pienso diez minutos
y estiro las piernas como todas las tardes
y hago así con los hombros para aflojar la espalda
y me doblo los dedos y les saco mentiras.

Es una lástima que no estés conmigo
cuando miro el reloj y son las cinco
y soy una manija que calcula intereses
o dos manos que saltan sobre cuarenta teclas
o un oído que escucha como ladra el teléfono
o un tipo que hace números y les saca verdades.

Es una lástima que no estés conmigo
cuando miro el reloj y son las seis.
Podrías acercarte de sorpresa
y decirme "¿Qué tal?" y quedaríamos
yo con la mancha roja de tus labios
tú con el tizne azul de mi carbónico.

El hombre que no ha amado apasionadamente ignora la mitad
más bella de la vida.

STENDHAL

ANTONIO DE SOLÍS Y RIVADENEIRA

1610 - 1686
España

SONETO

Amar a dos, y a ambas con fineza,
amor es, y el amor más entendido;
que más firme será contra el olvido,
si en dos bases estriba su firmeza.

Niñas, si me cortan pieza por pieza,
hay para ambas; y pues siempre ha sido
señal de sujeción el ser partido,
pártanme, y no me quiebren la cabeza.

Amor y odio, ya en el campo estrecho
del corazón batallas han tenido
juntos en él, aunque entre sí distantes.

Pues si a un tiempo tal vez dentro del pecho
dos efectos contrarios han cabido,
¿por qué no han de caber dos semejantes?

*Conocer el amor de los que amamos
es el fuego que alimenta la vida.*

PABLO NERUDA

JUAN BOSCÁN
1493 - 1542
España

CANCIÓN
7

El que de ti se partiera
merece nunca volver.
O, señora, si volviera,
que ya no te vuelva a ver.

No merezco la venida,
pues fui para poder irme,
aunque mucho va medida
con la pena del partirme
la culpa de la partida.

Mas si yo tal vez me fuera,
bien sé que no habrá de ser,
quiero pagar, si ello fuera,
con nunca volverte a ver.

El verdadero amor es como los espíritus: todos hablan de ellos,
pero pocos los han visto.

FRANÇOIS DE LA ROCHEFOUCAULD

MANUEL JOSÉ OTHÓN
1858 - 1906
México

EN TUS ARAS QUEMÉ MI ÚLTIMO INCIENSO

En tus aras quemé mi último incienso
y deshojé mis postrimeras rosas.
Donde estaban los templos de mis diosas
ya sólo queda el arenal inmenso.

Quise entrar en tu alma, y qué descenso,
¡qué andar por entre ruinas y entre fosas!
¡A fuerza de pensar en tales cosas
me duele el pensamiento cuando pienso!

¡Pasó...! ¿Qué resta ya de tanto y tanto
éxtasis? En ti ni la moral dolencia,
ni el dejo impuro, ni el sabor del llanto.

Y en mi ¡qué hondo y tremendo cataclismo!
¡Qué sombra y qué pavor en la conciencia,
y qué horrible disgusto de mí mismo!

El amor es la compensación de la muerte.

SCHOPENHAUER

MIGUEL DE CERVANTES SAAVEDRA

1547 - 1616
España

DE LA ILUSTRE FREGONA

¿Con quién se sustenta amor?
Con favor.
¿Y con qué calma su furia?
Con la injuria.
¿Antes con desdenes crece?
Desfallece.
Claro que en esto parece
que mi amor será inmortal,
pues la causa de mi mal
ni injuria ni favorece.

*Vivimos en el mundo cuando amamos. Sólo una vida vivida
para los demás merece la pena ser vivida.*

ALBERT EINSTEIN

LUPERCIO LEONARDO DE ARGENSOLA

1559 - 1613
España

REDONDILLAS

Señora, después que la vi
paso la vida en quererla,
y lloro en ver cuan ligeros
pasan los años por mí;
que aunque aborrecer se debe
vida tan triste y amarga,
si para sufrir es larga,
para merecer es breve.
Ya no sabe amor con qué
apurar mi sufrimiento;
que es leve cualquier tormento
si carga sobre mi fe.
Y aunque de penar así
el alma saca ganancia,
nunca es menor la distancia
que hay de usted hasta mí.
Desde el principio resisto
a mi mal sin esperanza;
que ni (aun en esto) mudanza
de usted, ni de mí se ha visto.
Todo va por un nivel,
mi firmeza y vuestro gusto,
y es mi daño tan justo,
que mata sin ser cruel;
que no causa usted mis males,
señora, pues el quererla
y el no poder merecerla
son efectos naturales.
Puede tanto la constancia,
que sin accidentes peno,

como, de usarse el veneno,
suele volverse en sustancia.
¿De quién me debo quejar?,
o ¿qué remedio se sigue,
pues no hay quejas con que obligue
a poderme remediar?
Una sola recompensa
merezco, Señora, y pido:
que pues no he de ser querido,
el quererla no sea ofensa.
Porque si de pretender
favores suyos me abstengo,
dígame, ¿qué culpa tengo
en quererla conocer?

Quien puede decir cuánto ama, pequeño amor siente.

FRANCESCO PETRARCA

FEDERICO GARCÍA LORCA

1898 - 1936
España

El poeta pide a su amor que le escriba

Amor de mis entrañas, viva muerte,
en vano espero tu palabra escrita
y pienso, con la flor que se marchita,
que si vivo sin mí quiero perderte.

El aire es inmortal. La piedra inerte
ni conoce la sombra ni la evita.
Corazón interior no necesita
la miel helada que la luna vierte.

Pero yo te sufrí. Rasgué mis venas,
tigre y paloma, sobre tu cintura
en duelo de mordiscos y azucenas.

Llena pues de palabras mi locura
o déjame vivir en mi serena
noche del alma para siempre oscura.

300

Amar de un modo altruista y sin inhibiciones de ninguna clase...
sólo lo hacen nuestros corazones mientras somos niños.

Boris L. Pasternak

JUAN DE IRIARTE
1702 - 1771
Portugal

Epigrama 16
A UN HEDIONDO PRÓDIGO DE BESOS

A cuantos encuentras, das
besos, en prueba de amor:
si me amas, hazme favor
de no besarme jamás.

Epigrama 4
EL TIEMPO Y EL AMOR

Todo lo vence el amor,
todo lo consume el tiempo:
¿cuál de los dos puede más,
aquel niño, o este viejo?

Ama un solo día y el mundo habrá cambiado.

ROBERT BROWNING

RICARDO JAIMES FREYRE
1868 - 1933
Bolivia

AMOR

Lluvia de azahares
sobre un rostro níveo.
Lluvia de azahares
frescos de rocío,
que dicen historias
de amores y nidos.
Lluvia de azahares
sobre un blanco lirio
y un alma que tiene
candidez de armiño.

Con alegres risas
Amor ha traído
una cesta llena
de rosas y mirtos,
y las dulces hadas
—amoroso símbolo—
lluvia de azahares
para un blanco lirio.

Nunca se tiene la libertad de amar o de dejar de amar.

FRANÇOIS DE LA ROCHEFOUCAULD

TIRSO DE MOLINA

1584 - 1648

España

SONETO

5

Te prometí mi libertad querida,
no cautivarte más, ni darte pena;
pero promesa en potestad ajena,
¿cómo puede obligar a ser cumplida?

Quien promete no amar toda la vida,
y en la ocasión la voluntad refrena,
seque el agua del mar, sume su arena,
los vientos pare, lo infinito mida.

Hasta ahora con noble resistencia
las plumas corto a leves pensamientos,
por más que la ocasión su vuelo ampare.

Pupila soy de amor; sin su licencia
no pueden obligarme juramentos.
Perdonad, voluntad, si los quebrare.

303

Amor significa colocar la propia felicidad
en la felicidad de los otros.

JOHN UPDIKE

JOSÉ MARÍA GABRIEL Y GALÁN

1870 - 1905
España

CASTELLANA

Fragmento

¿Por qué estás triste, mujer?
¿Pues no te sé yo querer
con un amor singular
de aquéllos que hacen llorar
de doloroso placer?

Crees que mi amor es menor
porque tan hondo se encierra,
y es que ignoras que el amor
de los hijos de esta tierra
no sabe ser hablador.

¿No está tu gozo cumplido
viendo desde esta colina
un pueblo a tus pies tendido,
un sol que ante ti declina
y un hombre a tu amor rendido?

(...)

Y si piensas que es menor
porque tan hondo se encierra,
recuerda que el hondo amor
de los hijos de esta tierra
no sabe ser hablador.

Alégrate, pues, mujer,
porque te sé yo querer
con querer tan singular,
que a veces me hace llorar
de doloroso placer...

*Muy frecuentemente las lágrimas son
la última sonrisa del amor.*

WILLIAM SHAKESPEARE

VICENTE GARCÍA DE LA HUERTA
1734 - 787
España

AMOR CONSTANTE

Antes al cielo faltarán estrellas,
al mar peligros, pájaros al viento,
al sol su resplandor y movimiento,
y al fuego abrasador vivas centellas;

antes al campo producciones bellas,
al monte horror, al llano esparcimiento,
torpes envidias al merecimiento,
y al no admitido amor tristes querellas;

antes sus flores a la primavera,
ardores inclementes al estío,
al otoño abundancia lisonjera,

y al aterido invierno hielo y frío,
que ceda un punto de su fe primera,
cuanto menos que falte el amor mío.

*Las cartas de amor se escriben empezando sin saber lo que
se va a decir y se terminan sin saber lo que se ha dicho.*

JEAN JACQUES ROUSSSSEAU

NICASIO ÁLVAREZ DE CIENFUEGOS
1764 - 1809
España

Obra intervenida
Proyecto Larsen

ODA
EL ROMPIMIENTO

Fragmento

Es mía, yo la amaba,
yo la amo aún inconstante...
No la amo; la aborrezco... ¡La alevosa!
¡La pérfida! ¿Engañaba
al más sincero amante?
Tanta promesa y esperanza hermosa,
¿dónde es que están? ¿Qué has hecho
de tanta fe como juró tu pecho
cuando amarme ofrecía,
¡cruel, cruel!, hasta el postrero día?
¿Por qué entonces callabas
los agudos pesares
que me guardaba tu querer tirano?
¿Sacrílega esperabas
profanar los altares
cubriendo tu deshonra con mi mano?
Jamás la augusta pompa
rió en mi fantasía. Rompa, rompa
la funeral cadena
que a tus bárbaras leyes me condena.
Caiga, caiga deshecho
el ídolo engañoso
que ante sus plantas me miró abatido.
Arroje ya mi pecho
error tan ponzoñoso,
y que odio sea cuanto amor ha sido.

¡Oh, si feliz tornara
el tiempo que voló! Jamás manchara
ese monstruo sangriento
ni aun mis oídos con su torpe aliento.

¡Bárbara! ¿Mereciste
verte jamás señora
del corazón que te entregué rendido?
Tú misma lo dijiste;
que, en cuanto el gran Sol dora,
nadie supo querer cual yo he querido.
Y ¿cuál paga me has dado?
¡Ay, si me hubieras a la par amado
de mi pasión fogosa!
¡Si me amaras aún, ingrata hermosa!
Huye, esperanza vana;
huid, muertos amores;
amor, eterno adiós. Cuando mirares
esa beldad tirana,
burlada de traidores;
cuando pruebes los bárbaros pesares
que a mí llorar me has hecho;
cuando, herido de amor tu infame pecho,
sólo piedad implore,
y eternamente ingratitudes llore;
llegó, llegó el instante
de mi fatal venganza.
De soledad y desamores llena,
siempre verás delante
esta aciaga mudanza;
escucharás mi voz que te condena;
y, en cruel remordimiento,
al despedir el postrimer aliento,
ya tarde arrepentida,
temblarás de mi imagen ofendida.

DIEGO HURTADO DE MENDOZA

1503 - 1575

España

SONETO

5

Gasto en males la vida y amor crece,
en males crece amor y allí se cría;
esfuerza el alma y al hacer se ofrece
de sus penas costumbre y compañía.

No me espanto de vida que padece
tan brava servidumbre y que porfía,
pero me espanta cómo no enloquece
con el bien que ve en otros cada día.

En dura ley, en conocido engaño,
huelga el triste, señora, de vivir,
¡y tú que le persigas la paciencia!

¡Oh crudo tema! ¡Oh áspera sentencia,
que por fuerza me muestren a sufrir
los placeres ajenos y mi daño!

En asuntos de amor los locos son los que tienen más experiencia.
De amor no preguntes nunca a los cuerdos; los cuerdos aman
cuerdamente, que es como no haber amado nunca.

JACINTO BENAVENTE

EL AMOR NUEVO

Todo amor nuevo que aparece
nos ilumina la existencia,
nos la perfuma y enflorece.

En la más densa oscuridad
toda mujer es refulgencia
y todo amor es claridad.
Para curar la pertinaz
pena, en las almas escondida,
un nuevo amor es eficaz;
porque se posa en nuestro mal
sin lastimar nunca la herida,
como un destello en un cristal.

Como un ensueño en una cuna,
como se posa ya en la ruina
la piedad del rayo de la luna;
como un encanto en un hastío,
como en la punta de una espina
una gotita de rocío...
¿Que también sabe hacer sufrir?
¿Que también sabe hacer llorar?
¿Que también sabe hacer morir?
—Es que tú no supiste amar...

ANTONIO DE VILLEGAS

1522 - 1551
España

CANCIÓN

¡Oh ansias de mi pasión;
dolores que en venir juntos
han quebrantado los puntos
de mi triste corazón!

Con dos prisiones nos ata
el amor cuando se enciende
hermosura es la que prende,
y la gracia es la que mata.
Ya mi alma está en pasión;
los miembros tengo difuntos
en ver dos contrarios juntos
contra un triste corazón.

*El dolor es el alimento esencial del amor; cualquier
amor que no se haya nutrido de un poco de dolor puro, muere.*

MAURICE MAETERLINCK

PABLO NERUDA

1904 - 1973
Chile

SONETO
25

Antes de amarte, amor, nada era mío:
vacilé por las calles y las cosas:
nada contaba ni tenía nombre:
el mundo era del aire que esperaba.

Yo conocí salones cenicientos,
túneles habitados por la luna,
hangares crueles que se despedían,
preguntas que insistían en la arena.

Todo estaba vacío, muerto y mudo,
caído, abandonado y decaído,
todo era inalienablemente ajeno,

todo era de los otros y de nadie,
hasta que tu belleza y tu pobreza
llenaron el otoño de regalos.

Cuando mi voz calle con la muerte,
mi corazón te seguirá hablando.

RABINDRANATH TAGORE

ÁNGEL GANIVET

1865 - 1898
España

VIVIR

Lleva el placer al dolor
y el dolor lleva al placer;
¡vivir no es más que corrèr
eternamente alrededor
de la esfinge del amor!

Esfinge de forma rara
que no deja ver la cara...;
mas yo la he visto en secreto,
y es la esfinge un esqueleto
y el amor en muerte para.

Amarse a sí mismo es el comienzo de una aventura
que dura toda la vida.

OSCAR WILDE

PEDRO SOTO DE ROJAS

1590 - 1655
España

SONETO

17

PERSUASIÓN

Traslada el curso de las rejas duro
con sordos pasos a las blandas puertas,
que, si pretendes las del alma abiertas,
rotas las tiene ya mi llanto puro.

Ya es pretérito el tiempo que, futuro,
pudiera hacer mis esperanzas ciertas;
las horas miro a mis espaldas muertas,
que pretendí para vivir seguro.

Abre las puertas, ángel riguroso,
para que goce con descanso amigo;
tras tormento de amor, de amor reposo;

abre, si no las puertas, un postigo;
abre, que amor no es mal contagioso
ni es, aunque tira flechas, enemigo.

A fuerza de hablar de amor, uno llega a enamorarse. Nada tan fácil.
Ésta es la pasión más natural del hombre.

BLAS PASCAL

LUPERCIO LEONARDO DE ARGENSOLA

1559 - 1613

España

NO FUERON TUS DIVINOS OJOS, ANA...

No fueron tus divinos ojos, Ana,
los que al yugo amoroso me han rendido;
ni los rosados labios, dulce nido
del ciego niño, donde néctar mana;

ni las mejillas de color de grana;
ni el cabello, que al oro es preferido;
ni las manos, que a tantos han vencido;
ni la voz, que está en duda si es humana.

Tu alma, que en todas tus obras se trasluce,
es la que sujetar pudo la mía,
para hacer inmortal su cautiverio.

Así todo lo dicho se reduce
a sólo su poder, porque tenía
por ella cada cual su ministerio.

Al contacto del amor todo el mundo se vuelve poeta.

PLATÓN

ADELARDO LÓPEZ DE AYALA

1828 - 1879
España

SIN PALABRAS

Mil veces con palabras de dulzura
esta pasión comunicarte ansío;
mas, ¿qué palabras hallaré, bien mío,
que no haya profanado la impostura?
Penetre en ti callada mi ternura,
sin detenerse en el menor desvío,
como rayo de luna en claro río,
como aroma sutil en aura pura.
Ábreme el alma silenciosamente,
y déjame que inunde satisfecho
sus regiones, de amor y encanto llenas...
Fiel pensamiento, animaré tu mente;
afecto dulce, viviré en tu pecho;
llama suave, correré en tus venas.

Ambición y amor son las alas de las grandes acciones.

JOHANN W. GOETHE

DIEGO FERNÁNDEZ DE SAN PEDRO

1445 - 1590
España

Obra intervenida
Proyecto Larsen

A San Pedro

El mayor bien de quererte
es querer un no quererme,
pues procurar de perderte
será perder el perderme.

No porque al perder te gano
lo que lastimó el perder,
mas mi buen servir en vano
morirá, muerto el querer.

Así que, viendo el no verte,
no será visto el no verme,
pues procurar de perderte
será perder el perderme.

317

Amor es despertar a una mujer y que no se indigne.

Ramón Gómez De La Serna

JOSÉ CADALSO "DALMIRO"
1741 - 1782
España

LETRITAS PUERILES

De amores me muero,
mi madre, acudid,
si no llegas pronto,
me verás morir.

GLOSA

Catorce años tengo,
ayer los cumplí,
que fue el primer día
del florido abril;
y chicas y chicos
me suelen decir:
—¿por qué no te casan,
mi damita, di?

De amores me muero,
mi madre, acudid,
si no llegas pronto,
me verás morir.

Y a fe, madre mía,
que allá en el jardín,
estando muy sola,
despacio me vi
en el espejito
que me dio al venir
semanas pasadas
mi primito Luis.

De amores me muero,
mi madre, acudid,
si no llegas pronto,
me verás morir.

Me miré y miré
cien veces y mil,
y dije llorando:
—¡ay, pobre de mí!,
¿por qué se malogra
mi dulce reír
y tierna mirada?
¡Ay, niña infeliz!

De amores me muero,
mi madre, acudid,
si no llegas pronto,
me verás morir.

Y luego en mi pecho
una voz oí,
cual cosa de encanto,
que empezó a decir:
"¿La niña soltera
de qué ha de servir?
La vieja casada
aun es más feliz".

De amores me muero,
mi madre, acudid,
si no llegas pronto,
me verás morir.

Si por ese mundo
no quisieras ir
buscándome un novio,
déjamelo a mí,
que yo hallaré tantos

que pueda elegir,
y de nuestra calle
yo no he de salir.

De amores me muero,
mi madre, acudid,
si no llegas pronto,
me verás morir.

Al lado vive uno
como un serafín,
que la misma misa
que yo suele oír.
Si voy sola, llega
muy cerca de mí;
y se pone lejos
si es que te ve a ti.

De amores me muero,
mi madre, acudid,
si no llegas pronto,
me verás morir.

Me mira, lo miro.
Si vio que lo vi,
se pone más rojo
que el mismo carmín.
Y si esto le pasa
al pobre, decid:
−¿qué queréis, mi madre,
que me pase a mí?

De amores me muero,
mi madre, acudid,
si no llegas pronto,
me verás morir.

Enfrente vive otro,
taimado y sutil,
que suele de paso
mirarme y reír.
Y disimulado
se viene tras mí,
y a ver dónde llego
me suele seguir.

De amores me muero,
mi madre, acudid,
si no llegas pronto,
me verás morir.

Otro hay que pasea
con aire gentil
la calle cien veces,
y aunque diga mil,
y a nuestra criada
la suele decir:
—bonita es tu ama,
¿te habla de mí?

De amores me muero,
mi madre, acudid,
si no llegas pronto,
me verás morir.

Una mujer llega a la convicción de que es amada,
más por lo que adivina que por lo que le dicen.

NINON DE LENCLOS

FRANCISCO DE ALDANA

1537 - 1578
España

SONETO

(Ante la muerte de la amada)

Mil veces callo que romper deseo
el cielo a gritos, y otras tantas tiento
dar a mi lengua voz y movimiento,
que en silencio mortal yacer la veo.

Anda cual velocísimo correo
dentro del alma el suelto pensamiento
con alto y de dolor lloroso acento,
casi en sombra de muerte voy de nuevo.

No halla la memoria o la esperanza
rastro de imagen dulce y deleitable
con que la voluntad viva segura:

cuanto en mí hallo es maldición que alcanza,
muerte que tarda, llanto inconsolable,
desdén del cielo, error de la ventura.

*Cierto que en el mundo de los hombres nada hay
necesario fuera del amor.*

JOHANN W. GOETHE

COPLAS

31

Una lápida en su pecho
pone al amar la mujer,
que en letras de luto dice:
"muerta, menos para él".

32

A saludar a su amada
voló un dulce ruiseñor,
vio otro pájaro en su nido
y de repente murió.

33

El día de conocerte,
mira qué casualidad,
tu nombre estuve escribiendo
en la escarcha de un cristal.

34

En el altar de tu reja
digo una misa de amor,
tú eres la virgen divina
y el sacerdote soy yo.

35

Yo no sé qué me sucede
desde que te di mi alma,
que cualquier senda que tomo
me ha de llevar a tu casa.

36

Sobre la almohada
donde duermo a solas,
¡cuántas cosas te he dicho al oído
sin que tú las oigas!

37

Cuando el claro día
llama a mis cristales,
desvelado me encuentra en la sombra
trazando tu imagen.

*Con la moral corregimos los errores de nuestros instintos
y con el amor corregimos los errores de nuestra moral.*

José Ortega y Gasset

FRANCISCO DE FIGUEROA

1530 - 1588

España

ESTA NIÑA SE LLEVA LA FLOR...

Esta niña se lleva la flor,
¡que las otras no!
Esta niña hermosa
cuyos rizos son
la cuna en que el día
se recuesta al sol,
cuya blanca frente
la aurora nevó
con bruñidos copos
de blanco color.
Pues en cuerpo y manos
tal mano le dio
de carmín nevado
cual nunca se vio.
Esta niña se lleva la flor,
¡que las otras no!

Arcos son sus cejas
con que hiere Amor,
con tan linda vista
que a ninguno erró.
Canela y azúcar
sus mejillas son,
y quien las divide,
de leche y arroz.
No es nada la boca,
pero allí encontró
sus perlas la aurora,
su coral el sol.

Esta niña se lleva la flor,
¡que las otras no!

No lava la cara
con el alcanfor
porque avergonzado
de verla quedó.
Y en sus descuiditos
siempre se confió
como en los cuidados
de mi tierno amor.
Pues si canto, canta,
llora cuando yo,
ríe cuando río
y baila a mi son.
Esta niña se lleva la flor,
¡que las otras no!

Confiamos el secreto en el seno de la amistad,
pero en el seno del amor escapa de su cárcel.

JEAN DE LA BRUYÈRE

VICENTE GARCÍA DE LA HUERTA

1734 - 1787

España

LA DESCONFIANZA

¿Qué es esto, amante corazón rendido?
¿De qué te sirve tan dichoso estado,
si tus penas parece se han doblado
cuando empezaste a ser favorecido?

La imagen horrorosa del olvido
turba mi gloria y crece mi cuidado,
y aun al alma, confieso, ha penetrado,
no celos, un recelo mal nacido.

¡Ay, amor mío, en qué mortal quebranto
despedazado el corazón me siento,
de un temor a la rústica violencia!

Y si sólo un temor me aflige tanto,
cuánto será bien mío mi tormento
si llega este temor a la evidencia.

*Cualquier persona entiende instintivamente que todos los más bellos
sentimientos del mundo pesan menos que un simple acto de amor.*

JAMES RUSSELL LOWELL

GASPAR NÚÑEZ DE ARCE

1834 - 1903
España

RECUERDOS

Fragmento

II

¿Te acuerdas? Al pie de un árbol,
en el jardín de tu casa,
el dulce y maduro fruto
ibas guardando en la falda.
Turbando nuestra alegría
crujió de pronto la rama,
diste un grito, y desplomado
caí sin voz a tus plantas.
No vi más; pero entre sueños
me pareció que escuchaba
desconsolados gemidos,
tiernas y amantes palabras.
Y cuando volví a la vida,
en una sola mirada
se besaron nuestros ojos
y se unieron nuestras almas.

Amor. Es el único bien que hay en la vida.

GEORGE SAND

DELMIRA AGUSTINI

1887 - 1914
Uruguay

SAFO

Me parece justamente un dios,
ese hombre que se sienta enfrente de ti,
que a tu lado, escucha
tu dulce conversación
y sonriendo amorosamente
hace que mi corazón tiemble en mi pecho.
Pues cuando quiera que te miro,
pierdo el uso de la palabra;
mi lengua se hiela en el silencio
y en la inmovilidad,
llamas sutiles se deslizan sobre mi piel,
ya no veo nada con mis ojos,
mis oídos sólo perciben zumbidos,
me cubre un sudor frío,
y un temblor me hace su cautivo.
Me vuelvo más verde que la hierba
y cerca de la muerte
a mí misma parezco.

329

Cuando el amor es feliz lleva al alma a la dulzura y a la bondad.

VÍCTOR HUGO

LOPE DE VEGA
1562 - 1635
España

ROMANCE
(VALENCIA, 1589)

Fragmento

Desde su balcón
me vio una doncella
con el pecho blanco
y la ceja negra.

Se dejó burlar,
me casé con ella,
que es bien que se paguen
tan honrosas deudas.

*Donde no hay amor, pongan amor y
encontrarán amor.*

SANTA TERESA DE JESÚS

HERNANDO DE ACUÑA

1518 - 1580

España

SONETO

11

En extrema pasión vivía contento
por ti, señora, y cuando más sentía,
sólo un mirarme o verte, deshacía
o, al menos, aliviaba mi tormento.

Hora quisiste que de fundamento
cayese en tierra la esperanza mía
con declararme lo que no entendía,
de torpe, hasta aquí mi entendimiento.

De esto nació un desdén por cuya mano
en término muy corto se ha deshecho
la fábrica que Amor hizo en mil años.

Yo miro, ya seguro desde el llano,
el risco en que me vi y el paso estrecho,
quedando ya seguro de mis daños.

De cualquier forma los celos son en realidad una consecuencia
del amor: os guste o no, existen.

ROBERT LOUIS BALFOUR STEVENSON

JULIO HERRERA Y REISSIG

1875 - 1910
Uruguay

RENDICIÓN

Evidenciaban en moderna gracia
tu fina adolescencia de capullo,
el corpiño y la falda con orgullo
ceñidos a tu esbelta aristocracia.

Henchíase tu alma de la audacia
de la Naturaleza y del murmullo
erótico del mar, y era un arrullo
el vago encanto de tu idiosincracia...

Lució la tarde, ufana de tu moño,
ojeras lilas, en toilette de otoño...
Ante el crespo Neptuno de la fuente,

en el cielo y tu faz brotaron rosas
mientras, como dos palmas fervorosas,
rindiéronse tus manos, dulcemente...

Te amo para amarte y no para ser amado, puesto que nada
me place tanto como verte a ti feliz.

GEORGE SAND

JOSÉ MARÍA HINOJOSA

1904 - 1936
España

MI CORAZÓN PERDIDO

En su cuerpo de espuma nacían las espigas
que en ráfagas de viento llenan con sus rumores
mi corazón perdido en el mar de su lengua
mi corazón hallado en medio del desierto
por cadenas de voces en oasis de sangre.

Mi corazón perdido busca entre sus encajes
la llama que devore las ansias de su sombra
y las nieves que bajen de las altas montañas.

La buena vida consiste en amar y hacerse amar suficiente.

DOMÉNICO CIERI ESTRADA

GARCILASO DE LA VEGA

1501 - 1536
España

Obra intervenida
Proyecto Larsen

SONETO

5

Escrito está en mi alma vuestro gesto,
y cuanto yo escribir de ti deseo;
tú sola lo escribiste, yo lo leo
tan sólo, que aún de ti me guardo en esto.

En esto estoy y estaré siempre puesto;
que aunque no cabe en mí cuanto en ti veo,
de tanto bien lo que no entiendo creo,
tomando ya la fe por presupuesto.

Yo no nací sino para quererte;
mi alma te ha cortado a su medida;
por hábito del alma yo te quiero.

Cuando tengo confieso yo deberte;
por ti nací, por ti tengo la vida,
por ti he de morir, y por ti muero.

334

El que ha conocido sólo a su mujer y la ha amado,
sabe más de mujeres que el que ha conocido mil.

LEÓN TOLSTOI

JUAN BOSCÁN
1493 - 1542
España

CANCIÓN
6

Mi mal está en crecimiento:
comienza, y es tan extremo,
que no siento lo que siento
de temor de lo que temo.

No hice lo que convino;
ya no sé lo que conviene.
Me temo del mal que viene,
no pensando en el que vino.

En su primer movimiento
es mi mal, y es tan extremo,
que no siento lo que siento
de temor de lo que temo.

El más difícil no es el primer beso sino el último.

PAUL GÉRALDY

LUIS GONZAGA URBINA

1868 - 1934
México

EN MI ANGUSTIA CALLADA Y ESCONDIDA

En mi angustia, callada y escondida,
sé tú como enfermera bondadosa,
cuya mano ideal viene y se posa,
llena de suave bálsamo, en la herida.

Ríe en mi tedio –sepulcral guarida–
como un rayo de sol en una fosa;
perfuma, como un pétalo de rosa,
el fango y la impureza de mi vida.

Del corazón en el silencio, canta;
entre las sombras de mi ser, fulgura;
mi conturbado espíritu levanta;

enciende la razón en mi locura,
tengo hambre y sed de bien, dame una santa
limosna de piedad y de ternura...

Besos que vienen riendo, luego llorando se van,
y en ellos se va la vida, que nunca más volverá.

MIGUEL DE UNAMUNO

JOSÉ CADALSO "DALMIRO"
1741 - 1782
España

EPITAFIO DE UN AMANTE

El que está aquí sepultado
porque no logró casarse
murió de pena acabado;
otros mueren de acordarse
de que ya los han casado.

EPITAFIO DE UN CELOSO

Este difunto era esposo
y los celos lo mataron;
de ejemplar tan horroroso
los demás escarmentaron
y ya ninguno es celoso.

El benefactor llama a la puerta,
pero el que ama la encuentra abierta.

RABINDRANATH TAGORE

JOSÉ ASUNCIÓN SILVA

1865 - 1896
Colombia

SUB-UMBRA

a A. de W.

Tú no lo sabes... mas yo he soñado
entre mis sueños color de armiño,
horas de dicha con tus amores
besos ardientes, quedos suspiros
cuando la tarde tiñe de oro
esos espacios que juntos vimos.
Cuando mi alma su vuelo emprende
a las regiones de lo infinito,
aunque me olvides, aunque no me ames
aunque me odies, ¡sueño contigo!

*El arte de amar se reduce a decir exactamente lo que el grado
de embriaguez del momento requiera.*

STENDHAL

JUAN DEL ENCINA
1469 - 1529
España

Obra intervenida
Proyecto Larsen

CANCIÓN
16

Si supiese contentarte
como sé saber quererte,
yo tendría, sin perderte,
esperanza de ganarte.

Al verte fui tan de ti
que ninguna cosa sé
sino tener en ti fe
sin saber parte de mí.

Así que, si al contentarte
supiese como quererte,
yo tendría, sin perderte,
esperanza de ganarte.

*El hombre tiene dos caras:
no puede amar sin amarse.*

ALBERT CAMUS

SANTA TERESA DE JESÚS
1515 - 1582
España

VIVO SIN VIVIR EN MÍ

Vivo sin vivir en mí,
y tan alta vida espero,
que muero porque no muero.

Vivo ya fuera de mí,
después que muero de amor;
porque vivo en el Señor,
que me quiso para sí:
cuando el corazón le di
puso en él este letrero,
que muero porque no muero.

Esta divina prisión,
del amor en que yo vivo,
ha hecho a Dios mi cautivo,
y libre mi corazón;
y causa en mí tal pasión
ver a Dios mi prisionero,
que muero porque no muero.

¡Ay, qué larga es esta vida!
¡Qué duros estos destierros,
esta cárcel, estos hierros
en que el alma está metida!
Sólo esperar la salida
me causa dolor tan fiero,
que muero porque no muero.

¡Ay, qué vida tan amarga
do no se goza el Señor!

Porque si es dulce el amor,
no lo es la esperanza larga:
quíteme Dios esta carga,
más pesada que el acero,
que muero porque no muero.

Sólo con la confianza
vivo de que he de morir,
porque muriendo el vivir
me asegura mi esperanza;
muerte do el vivir se alcanza,
no te tardes, que te espero,
que muero porque no muero.

Mira que el amor es fuerte;
vida, no me seas molesta,
mira que sólo me resta,
para ganarte perderte.
Venga ya la dulce muerte,
el morir venga ligero
que muero porque no muero.

Aquella vida de arriba,
que es la vida verdadera,
hasta que esta vida muera,
no se goza estando viva:
muerte, no me seas esquiva;
viva muriendo primero,
que muero porque no muero.

Vida, ¿qué puedo yo darle
a mi Dios que vive en mí,
si no es el perderte a ti,
para merecer ganarle?
Quiero muriendo alcanzarle,
pues tanto a mi Amado quiero,
que muero porque no muero.

JUAN RAMÓN JIMÉNEZ
1881 - 1959
España

CANCIONCILLAS ESPIRITUALES
LA SOLA

Ante mí estás, sí.
Mas me olvido de ti,
pensando en ti.

Amar no es mirarse el uno al otro; es mirar juntos
en la misma dirección.

ANTOINE DE SAINT-EXUPÉRY

JUAN BOSCÁN
1493 - 1542
España

QUIEN DICE...

Quien dice que la ausencia causa olvido
merece ser de todos olvidado.
El verdadero y firme enamorado
está, cuando está ausente, más perdido.

Aviva la memoria su sentido;
la soledad levanta su cuidado;
hallarse de su bien tan apartado
hace su desear más encendido.

No sanan las heridas en él dadas,
aunque cese el mirar que las causó,
si quedan en el alma confirmadas.

Que si uno está con muchas cuchilladas,
porque huya de quien lo acuchilló,
no por eso serán mejor curadas.

343

Llegamos a olvidar el objeto de nuestro deseo,
para amar simplemente el deseo.

FEDERICO NIETZSCHE

JOSÉ ASUNCIÓN SILVA

1865 - 1896
Colombia

LUZ DE LUNA

Fragmentos

Ella estaba con él... A su frente
pensativa y pálida,
penetrando a través de las rejas
de antigua ventana
de la luna naciente venían
los rayos de plata,
él estaba a sus pies, de rodillas,
¡perdido en las vagas
visiones que cruzan en horas felices
los cielos del alma!
Con las trémulas manos asidas,
con el mudo fervor de los que aman,
palpitanto en los labios los besos,
entrambos hablaban
el lenguaje mudo
sin voz ni palabras
que en momentos de dicha suprema,
tembloroso el espíritu habla...

(...)

El silencio que crece... la brisa
que besa las ramas,
dos seres que tiemblan, la luz de la luna
que el paisaje baña,
¡amor un instante detén allí el vuelo,
murmura tus himnos de triunfo y recoge las alas!

JUAN BAUTISTA DE ARRIAZA Y SUPERVIELA

1770 - 1837
España

SONETO
EL NO

¡Ay! cuántas veces a tus pies postrado,
en lágrimas el rostro sumergido,
a tus divinos labios he pedido
un sí: ¡cruel! que siempre me has negado.

Y pensando ya ver tu pecho helado
de mi tormento a compasión movido
en vez del sí, ¡ay dolor!, he recibido
un no que mi esperanza ha devorado.

Mas si mi llanto no es de algún provecho,
si contra mí tu indignación descarga,
y si una ley de aniquilarme has hecho,

quítame de una vez pena tan larga,
escóndeme un puñal en este pecho,
y no me des un no que tanto amarga.

*El amor es como la fiebre: nace y se extingue sin
que la voluntad tome en ello la menor parte.*

STENDHAL

JOSÉ ANTONIO DOMÍNGUEZ

1869 - 1903
Honduras

AMOROSA

Yo te he visto, en esa hora fugitiva
en que la tarde a desmayar empieza,
doblar cual lirio enfermo la cabeza,
la cabeza adorable y pensativa.

Y entonces, más que nunca sugestiva,
se ha mostrado a mis ojos tu belleza,
como en un claro-oscuro de tristeza,
con palidez que encanta y que cautiva.

Y es que en tu corazón antes dormido
el ave del amor ha hecho su nido
y entona su dulcísimo cantar.

Y al escucharle, en ondas de ternura,
languidece de ensueños tu hermosura
¡como un suave crepúsculo en el mar!

*El amor es la poesía del hombre que no hace versos,
la idea del hombre que no piensa y la novela
del hombre que no escribe.*

HERMANOS GONCOURT

LOPE DE VEGA

1562 - 1635
España

Obra intervenida
Proyecto Larsen

BELLEZA SINGULAR, INGENIO RARO

Belleza singular, ingenio raro,
fuera del natural curso del cielo;
volcán de amor que de tu mismo hielo
despides llamas entre el mármol caro.

Sol de hermosura, entendimiento claro,
alma dichosa en cristalino velo,
norte del mar, admiración del suelo,
imita al sol, como a la luna el faro;

milagro del autor de cielo y tierra,
bien de naturaleza el más perfecto,
Señora hermosa en quien mi luz se encierra:

nieve en blancura y nieve en el efecto,
par de los ojos y del alma guerra,
al escribir y al penar me ha sujeto.

347

He comprendido ahora que, permanente en todo lo que pasa,
Dios no habita en el objeto, sino el amor; y ahora sé gozar
la quieta eternidad del instante.

ANDRÉ GIDE

GASPAR NÚÑEZ DE ARCE

1834 - 1903
España

CREPÚSCULO

El sol tocaba en su ocaso,
y la luz tibia y dudosa
del crepúsculo envolvía
la naturaleza toda.
Los dos estábamos solos,
mudos de amor y zozobra,
con las manos enlazadas,
trémulas y abrasadoras,
contemplando cómo el valle,
el mar y apacible costa,
lentamente iban perdiendo
color, trasparencia y forma.
A medida que la noche
adelantaba medrosa,
nuestra tristeza se hacía
más invencible y más honda.
Hasta que al fin, no sé cómo
yo trastornado, tú loca,
estalló en ardiente beso
nuestra pasión silenciosa.
¡Ay! al volver suspirando
de aquel éxtasis de gloria,
¿qué vimos? Sombra en el cielo
y en nuestra conciencia sombra.

JUAN DE TASSIS Y PERALTA
CONDE DE VILLAMEDIANA
1582 - 1622
España

EL QUE FUESE DICHOSO SERÁ AMADO

El que fuese dichoso será amado;
y yo en amor no quiero ser dichoso,
teniendo, de mi mal propio envidioso,
por dicha ser por ti tan desdichado.

Sólo es servir, servir sin ser premiado;
cerca está de grosero el venturoso;
seguir el bien a todos es forzoso,
yo sólo sigo el mal sin ser forzado.

No necesito suerte para amarte;
amo de ti lo que de ti yo entiendo,
no lo que espero, porque nada espero;

me lleva el conocerte al adorarte;
el servir por servir sólo pretendo;
más no te pido que lo que te quiero.

Está visto que el amor acorta los días; pero la verdad es que,
en cambio, los llena.

BUFFON

BALTASAR DEL ALCÁZAR

1530 - 1606
España

SI A VUESTRA VOLUNTAD YO SOY DE CERA...

Si a vuestra voluntad yo soy de cera,
¿cómo se compadece que a la mía
vengáis a ser de piedra dura y fría?
De tal desigualdad, ¿qué bien se espera?

Ley es de amor querer a quien os quiera,
y aborrecerle, ley de tiranía:
mísera fue, señora, la osadía
que os hizo establecer ley tan severa.

Vuestros tengo riquísimos despojos,
a fuerza de mis brazos granjeados:
que vos, nunca rendírmelos quisistis;

y pues Amor y esos divinos ojos
han sido en el delito los culpados,
romped la injusta ley que establecistis.

350

El secreto de la felicidad no es hacer siempre lo que se quiere
sino querer siempre lo que se hace.

LEÓN TOLSTOI

JOSÉ GAUTIER BENÍTEZ

1848 - 1880
Puerto Rico

ELLA Y YO

Ella tiene la gracia seductora
que a mí me enloqueció.
Ella tiene, en los ojos, del lucero
la limpia irradiación.

Ella tiene un hoyuelo en la mejilla
que amante le dejó
al besarla, prendado de sus gracias
el travesuelo dios.

Ella tiene en su límpida mirada
tesoros de pasión,
la diosa del talento, generosa,
sus dones le cedió.
Ella tiene muchísimos encantos...
¡no tiene corazón!

Yo no tengo riquezas fabulosas
que halaguen su ambición,
ni en el libro glorioso de la fama
mi nombre se grabó.

Yo no tengo el poder de los magnates,
su altiva posición;
yo vivo pobre, solitario y triste
luchando con mi amor.

Yo no tengo siquiera versos suaves
que formen su ilusión;
todo, todo me falta en esta vida...
¡me sobra corazón!

*No hables de amor. No hay nada más poético ni sublime
que dos que no se hablan de amor y se aman.*

SEVERO CATALINA

MANUEL JOSÉ OTHÓN

1856 - 1908
México

Obra intervenida
Proyecto Larsen

ENVÍO

En tu altar yo quemé mi último incienso
y deshojé mis postrimeras rosas.
Do se alzaban los templos de mis diosas
ya sólo queda el arenal inmenso.

Quise entrar en tu alma, y ¡qué descenso,
qué andar por entre ruinas y entre fosas!
¡A fuerza de pensar en tales cosas
me duele el pensamiento cuando pienso!

¡Pasó..! ¿Qué resta ya de llanto y tanto
delirio? En ti, ni la moral dolencia,
ni el dejo impuro, ni el sabor del llanto.

Y en mí, ¡qué hondo y tremendo cataclismo!
¡Qué sombra y qué pavor en la conciencia,
y qué horrible disgusto de mí mismo!

353

Siempre que odio y amor compiten,
es el amor el que vence.

CALDERÓN DE LA BARCA

Soneto

9

De hielo te hizo, amor, y a mí de fuego,
libre te dejó, haciendo en mí su estancia;
en ti puso el olvido, en mí constancia,
en mí perpetua guerra, en ti sosiego.

Claro se ve de tan cambiante juego,
donde la pérdida es más que la ganancia,
que la presa de menos importancia
le contentó como a un muchacho, y ciego.

Pudiera amor mirar por su provecho
hiriendo a un tiempo el uno, y otro lado,
y así quedara rico, y satisfecho:

que aunque en el mío el tiro fuera errado,
igualmente alojándose en tu pecho
él vivirá contento, y yo pagado.

354

*Donde hay mucho amor no suele
haber demasiada desenvoltura.*

Miguel de Cervantes

FRANCISCO DE ROJAS
1583 - 1659
España

SONETO
14

No esperes que perdure en tu alba frente,
amor, lisa la tez; ni que tu boca,
que al más helado a blando amor convoca,
bañe siempre la rosa dulcemente.

¿Ves el sol que nació resplandeciente,
desvanecerse en tibia luz y poca,
y tú sorda a mis ruegos como roca
en la que rompe fuerte la corriente?

Goza de nieve y rosa, que los años
te ofrecen; mira, amada, que los días
llevan tras sí la flor y la belleza;

que cuando de la edad sientas los daños,
has de envidiar el brillo que tenías
y has de llorar en vano tu dureza.

Uno debería estar siempre enamorado.
Por eso jamás deberíamos casarnos.

OSCAR WILDE

MANUEL MARÍA FLORES
1840 - 1885
México

PASIÓN

Fragmentos

¡Háblame! Que tu voz, eco del cielo,
sobre la tierra por doquier me siga...
con tal de oír tu voz, nada me importa
que el desdén en tu labio me maldiga.

¡Mírame!... Tus miradas me quemaron,
y tengo sed de ese mirar, eterno...
por ver tus ojos, que se abrase mi alma
de esa mirada en el celeste infierno.

¡Ámame!... Nada soy... pero tu diestra
sobre mi frente pálida un instante,
puede hacer del esclavo arrodillado
el hombre rey de corazón gigante.

(...)

Tú pasas... y la tierra voluptuosa
se estremece de amor bajo tus huellas,
se entibia el aire, se perfuma el prado
y se inclinan a verte las estrellas.

Quisiera ser la sombra de la noche
para verte dormir sola y tranquila,
y luego ser la aurora... y despertarte
con un beso de luz en la pupila.

Soy tuyo, me posees... un solo átomo
no hay en mi ser que para ti no sea:
dentro de mi corazón eres latido,
y dentro de mi cerebro eres idea.

En su primera pasión, las mujeres aman al amante,
y en las siguientes aman el amor.

FRANÇOIS DE LA ROCHEFOUCAULD

FRANCISCO DE LA TORRE

1534 - 1594
España

Obra intervenida
Proyecto Larsen

AL SILENCIO DE LA NOCHE

Sigo, silencio, tu estrellado manto
de transparentes lumbres guarnecido,
enemigo del sol esclarecido,
ave nocturna de agorero canto.

El falso mago amor con el encanto
de palabras quebradas por olvido
transformó mi razón y mi sentido;
mi cuerpo no, por deshacerlo en llanto.

Tú, que sabes mi mal, y tú, que fuiste
la ocasión principal de mi tormento,
por quien fui venturoso y desdichado,

oye tú solo mi dolor, que al triste
a quien persigue un cielo tan violento
no le está bien que sepa su cuidado.

MANUEL ACUÑA

1849 - 1873
México

YA VERÁS DOLORA
(Imitación)

Fragmento

Goza, goza, niña pura,
mientras en la infancia estás;
goza, goza esa ventura
que dura lo que una rosa.
—¿Qué?, ¿tan poco es lo que dura?
—Ya verás niña graciosa,
ya verás.

Hoy es un vergel risueño
la senda por donde vas;
pero mañana, mi dueño,
verás abrojos en ella.
—¿Pues qué?, ¿sus flores son sueño?
—Sueño nada más, mi bella,
ya verás.

Hoy el carmín y la grana
coloran tu linda faz;
pero ya verás mañana
que el llanto sobre ella corra...
—¿Qué?, ¿los borra cuando mana?
—Ya verás cómo los borra,
ya verás.

Y goza mi tierna Elmira,
mientras disfruta de paz;
delira, niña, delira
con un amor que no existe
–¿Pues qué?, ¿el amor es mentira?
–Y una mentira muy triste,
ya verás.

Hoy ves la dicha delante
y ves la dicha detrás;
pero esa estrella brillante
vive y dura lo que el viento.
–¿Qué?, ¿nada más dura un instante?
–Sí, nada más un momento,
ya verás.

Y así, no llores mi encanto,
que más tarde llorarás;
mira que el pesar es tanto,
que hasta el llanto dura poco.
–¿Tampoco es eterno el llanto?
–¡Tampoco, niña, tampoco,
ya verás!

*¡Cosa curiosa! El primer síntoma del verdadero amor en un joven
es la timidez, en una muchacha es la audacia.*

Víctor Hugo

JULIÁN DEL CASAL
1863 - 1893
Cuba

Obra intervenida
Proyecto Larsen

AMOR EN EL CLAUSTRO

A José María de Céspedes

Al resplandor incierto de los cirios
que, en el altar del templo solitario,
arden, vertiendo en las oscuras naves
pálida luz que, con fulgor escaso,
brilla y se extingue entre la densa sombra;
en medio de esa paz y de ese santo
recogimiento que hasta el alma llega;
allí, donde va el corazón llagado
a sanar heridas; donde renace
la muerta fe de los primeros años;
allí, donde Cristo con amor extiende
desde la cruz al pecador sus brazos;
de fervorosa devoción henchida,
el níveo rostro en lágrimas bañado,
la vi postrada ante el altar, de hinojos,
clemencia a Dios y olvido demandando.

(...)

"–Haz que ese ardiente amor que me cautiva
muera en mi corazón, ¡Dios soberano!,
y que sólo en mi alma tu amor viva
sin el consorcio del amor mundano".

Así dijo; dos lágrimas ardientes
por sus blancas mejillas resbalaron,
cual resbalan las gotas de rocío
por el cáliz del lirio perfumado.
En el fondo del alma, los recuerdos,
las sombras del olvido disipando,
hacen surgir, esplendorosa y bella,
la imagen inmortal de su adorado.
Pugna por desecharla ¡anhelo inútil!,
vuelve otra vez a orar ¡esfuerzo vano!,
que al dirigir sus encendidos ojos
al altar que sostiene al Cristo santo,
aun a través del mismo crucifijo
aparece la imagen de su amado.

El amor nace bruscamente, sin más reflexión,
por temperamento o por debilidad.

JEAN DE LA BRUYÈRE

CAROLINA CORONADO

1823 - 1911
España

EL AMOR DE MIS AMORES

Fragmento

¿Cómo te llamaré para que entiendas
que me dirijo a ti, ¡dulce amor mío!,
cuando lleguen al mundo las ofrendas
que desde oculta soledad te envío...?

(...)

Aquí estoy en la barca triste y sola,
aguardando a mi amado noche y día;
llega a mis pies la espuma de la ola,
y huye otra vez, cual la esperanza mía.

¡Blanca y ligera espuma transparente,
ilusión, esperanza, desvarío,
como hielas mis pies con tu rocío
el desencanto hiela nuestra mente!

Tampoco es en el mar adonde él mora;
ni en la tierra ni en el mar mi amor existe.
¡Ay!, dime si en la tierra te escondiste,
o si dentro del mar estás ahora.

Porque es mucho dolor que siempre ignores
que yo te quiero ver, que yo te llamo,
sólo para decirte que te amo,
que eres siempre el amor de mis amores.

JUAN DE ARGUIJO

1567 - 1622
España

A NARCISO

Crece el insano ardor, crece el engaño
del que en las aguas vio su imagen bella;
y él, sola causa en su mortal querella,
busca el remedio y acrecienta el daño.

Vuelve a verse en la fuente ¡caso extraño!:
del'agua sale el fuego; mas en ella
templarlo piensa, y la enemiga estrella
sus ojos cierra al fácil desengaño.

Fallecieron las fuerzas y el sentido
al ciego amante amado, que a su suerte
la costosa beldad cayó rendida.

Y ahora, en flor purpúrea convertido,
l'agua, que fue principio de su muerte,
hace que crezca, y prueba a darle vida.

Amor es encontrar en la felicidad de otro la propia felicidad.

LEIBNITZ

LUIS BARAHONA DE SOTO

1548 - 1595
España

¿A QUIÉN ME QUEJARÉ DE MI ENEMIGA?

¿A quién me quejaré de mi enemiga?
¿Al tiempo? No es razón, que me ha burlado.
¿Al cielo? No es juez de mi cuidado.
Ni al fuego, pues el fuego me castiga.

¿Al viento? Ya no escucha mi fatiga,
que está en mis esperanzas ocupado.
¿A Amor? Es mi enemigo declarado
y en condenarme piensa que me obliga.

Ya, pues ninguno de mi parte siento,
Filis ingrata, a ti de ti me quejo;
juzguen tus ojos, reos y testigos.

Y el tiempo, el cielo, el fuego, Amor y el viento
lloren mi muerte, pues mi causa dejo
en manos de mis propios enemigos.

A dónde irán los besos que guardamos, que no damos.

VÍCTOR MANUEL

FRANCISCO DE LA TORRE
1534 - 1594
España

Obra intervenida
Proyecto Larsen

A LA NOCHE

¡Cuántas veces te me has engalanado,
clara y amiga noche! ¡Cuántas, llena
de oscuridad y espanto, la serena
mansedumbre del cielo me has turbado!

Estrellas hay que saben mi cuidado
y que se han regalado con mi pena;
que entre tanta beldad, la más ajena
de amor tiene su pecho enamorado.

Ellas saben amar y saben ellas
que he contado su mal llorando el mío,
envuelto en los dobleces de tu manto.

Tú, con mil ojos, noche, mis querellas
oye y esconde, pues mi amargo llanto
es fruto inútil que al amor envío.

*El amor nunca muere de hambre,
pero sí a menudo de indigestión.*

NINÓN DE LENCLÓS

JOSÉ MARÍA DE HEREDIA
1803 - 1839
España

ODA

A MI AMANTE

Es media noche: vaporosa calma
y silencio profundo
el sueño vierte al fatigado mundo,
y yo velo por ti, mi dulce amante.
¡En qué delicia el alma
enajena tu plácida memoria!
Único bien y gloria
del corazón más fino y más constante.
¡Cuál te idolatro! De mi ansioso pecho
la agitación lanzaste y el martirio,
y en mi tierno delirio
lleno de ti contemplo el universo.
Con tu amor inefable se embellece
de la vida el desierto,
que desolado y yerto
a mi tímida vista parecía,
y cubierto de espinas y dolores.
Ante mis pasos, adorada mía,
riégalo tú con inocentes flores.
¡Y tú me amas! ¡Oh Dios! ¡Cuánta dulzura
siento al pensarlo! De esperanza lleno,
miro lucir el sol puro y sereno,
y se anega mi ser en su ventura.
Con orgulloso placer alzo la frente
antes nublada y triste, donde ahora
serenidad respira y alegría.
Adorada señora
de mi destino y de la vida mía,

cuando yo tu hermosura
en un silencio religioso admiro,
el aire que tú alientas y respiro
es delicia y ventura.
Si pueden envidiar los inmortales
de los hombres la suerte,
me envidiarán al verte
fijar en mí tus ojos celestiales
animados de amor, y con los míos
confundir su ternura.
O al escuchar cuando tu boca pura
y tímida confiesa
el inocente amor que yo te inspiro:
por mí exhalaste tu primer suspiro,
y a mí me diste tu primer promesa.
¡Oh! ¡luzca el bello día
que de mi amor corone la esperanza,
y ponga el colmo a la ventura mía!
¡Cómo de gozo lleno,
inseparable gozaré tu lado,
respiraré tu aliento regalado,
y posaré mi faz sobre tu seno!

Ahora duermes tal vez, y el sueño agita
sus tibias alas en tu calma frente,
mientras que blandamente
solo por mí tu corazón palpita.
Duerme, objeto divino
del afecto más fino,
del amor más constante;
descansa, dulce dueño,
y entre las ilusiones de tu sueño
levántese la imagen de tu amante.

BALTASAR DEL ALCÁZAR
1530 - 1606
España

AMOR, NO ES PARA MÍ YA TU EJERCICIO...

Amor, no es para mí ya tu ejercicio,
porque cosa que importa no la hago;
antes, lo que tú intentas yo lo estrago,
porque no valgo un cuarto en el oficio.

Hazme, pues, por tu fe, este beneficio:
que me sueltes y des carta de pago.
Infamia es que tus tiros den en vago:
procura sangre nueva en tu servicio.

Ya yo con solas cuentas y buen vino
holgaré de pasar hasta el extremo;
y si me libras de prisión tan fiera,

de aquí te ofrezco un viejo, mi vecino,
que te sirva por mí en el propio remo,
como quien se rescata de galera.

La raíz de todas las pasiones es el amor; de él nace la tristeza,
el gozo, la alegría y la desesperación.

LOPE DE VEGA

GUSTAVO ADOLFO BÉCQUER

1836 - 1870
España

RIMA
32

Pasaba arrolladora en su hermosura
y el paso le dejé;
ni aun a mirarla me volví y, no obstante,
algo a mi oído murmuró: −ésa es.

¿Quién reunió la tarde a la mañana?
Lo ignoro; sólo sé
que en una breve noche de verano
se unieron los crepúsculos, y... fue.

El hombre no debe ser amado por la mujer que
se te conozca superior a él; el amor sin veneración no entusiasma: no
es más que amistad.

GEORGE SAND

RICARDO JAIMES FREYRE

1868 - 1933

LO FUGAZ

La rosa temblorosa
se desprendió del tallo,
y la arrastró la brisa
sobre las aguas turbias del pantano.

Una onda fugitiva
le abrió su seno amargo
y estrechando a la rosa temblorosa
la deshizo en sus brazos.

Flotaron sobre el agua
las hojas como miembros mutilados
y confundidas con el lodo negro
negras, aún más que el lodo, se tornaron,

pero en las noches puras y serenas
se sentía vagar en el espacio
un leve olor de rosa
sobre las aguas turbias del pantano.

Todo lo que se hace por amor,
se hace más allá del bien y del mal.

FRIEDRICH NIETZSCHE

ÍNDICE